Développez vos POUVOIRS SECRETS

Éditions **Exclusif**
60, avenue Charles-de-Gaulle
92200 Neuilly-sur-Seine.
Tél.: 01.46.43.09.24.

Imprimé en France

I.S.B.N.: 978-2-8489-1206-6

Stéphane Crussol

Développez vos POUVOIRS SECRETS

INTRODUCTION

Vers le milieu du vingtième siècle, deux grandes révolutions scientifiques vont, bien malgré elles, engendrer la parapsychologie moderne, permettant la mise en place d'une approche méthodologique et analytique, et non plus seulement intuitive et empirique, des phénomènes mystiques. D'un côté, l'invention de **l'électroencéphallogramme, qui permet de mesurer l'activité électrique du cerveau**. Notre pensée engendre des ondes d'un type bien défini, différentes selon la nature de ce sur quoi elle s'exerce. Qu'il puisse émaner de nous une énergie spécifique, c'est un enseignement commun à tous les types d'initiation. Mais que l'on puisse en prouver l'existence et plus encore en mesurer le degré d'intensité et le plan sur lequel elle émet, constitue un bouleversement profond de toutes les valeurs antérieurement admises. La connaissance approfondie et rationnelle que nous avons des rêves, par exemple, découle directement de cette invention, qui devait mener à la découverte du "**sommeil paradoxal**" et ainsi déterminer le moment précis où nous commençons à rêver. Étrangement, les onirologues peinent à concilier les théories freudiennes et les plus récentes découvertes. Il semblerait, en revanche, que la connexion s'effectue plus aisément avec les investigations jungiennes. Jung, c'est-à-dire le plus "mystique" des deux chercheurs, dont les fréquentes explorations dans le domaine de la spiritualité sont à l'origine du fameux concept d'inconscient collectif, cette mémoire commune à toute l'humanité, véritable réservoir d'images dans lequel chacun puise inconsciemment. On peut imaginer sans peine les conséquences d'un tel état de faits quant à la crédibilisation de la parapsychologie. Mais là ne s'arrête pas l'influence de l'électroencéphallogramme sur la parapsychologie moderne. Cette invention put mettre en évidence qu'un voyant, un magnétiseur, un mystique de haut vol émettait lors des séances de voyance, de magnétisme, de transes, de relaxation, de méditation **des ondes cérébrales** d'un type particulier. Ondes alpha tout d'abord, puis théta au plus intense de leur activité. Pourquoi de haut vol ? Tout simplement parce que pouvoir se concentrer dans n'importe quelles conditions, en l'occurrence avec des électrodes sur la tête, ne peut être le fait que d'individus particulièrement doués. C'est d'ailleurs généralement l'une des impasses de la parapsychologie : susciter des phénomènes dont l'élément déclencheur est l'esprit dans des conditions permettant la mesure, c'est-à-dire précisément celles qui favorisent le moins la détente et la concentration. La conséquence la plus flagrante en est que beaucoup d'entre nous, quand ils ne sont pas carrément fermés à ce type de manifestations, en présumant la totale inexistence, demeurent persuadés que ce type de facultés ne sont accessibles qu'à une élite d'êtres extrêmement doués, alors qu'en vérité toute personne les possède à l'état latent et qu'il ne tient qu'à nous de les développer. Nous y reviendrons, car tel est l'objet du présent ouvrage.

Quoi qu'il en soit, **l'electroencéphalogramme apporte incontestablement la preuve de l'existence d'une énergie inhérente à notre activité cérébrale,** ainsi que celle du changement de niveau de conscience lors de toute forme d'exercice spirituel.

Un second séisme fut assurément provoqué par l'émergence de la **physique quantique**. Après des décennies pendant lesquelles elle semblait se résumer à des déductions géniales mais improuvables (rappelons qu'Einstein, après avoir fermement combattu leurs thèses, tenta, dans ses dernières années de les fusionner avec les siennes), cette dernière prenait une place considérable dans le monde moderne, suite à des expériences extrêmement concluantes quant à sa viabilité, à tel point qu'elle remplace en grande partie aujourd'hui la bonne vieille physique classique. Si la théorie des mondes parallèles (il est vrai qu'elle fut défendue par des quantiques "marginaux" ; autrement dit, elle est loin d'être partagée par tous les physiciens de cette discipline) a largement nourri la science fiction de ces dernières décennies, un autre concept allait trouver un formidable écho dans le landernau de la spiritualité. Il s'agit du célèbre théorème d'Heisenberg **"Il n'y a pas d'observation objective, car tout observateur crée une interaction avec le phénomène observé"**. Avec cette petite phrase, c'est carrément notre conception même de la réalité qui s'avérait profondément modifiée. La science moderne est basée sur le doute et les calculs de probabilités. Là où les physiciens de la vieille école affirmaient péremptoirement leurs certitudes, la physique quantique nous dit que telle chose "est vrai à 60 %". Troublant, isn't it ? Plus étrange encore est l'exemple par lequel est généralement illustrée la grande différence entre la physique classique et la physique quantique, mise en application pratique du théorème d'Heisenberg. C'est l'exemple dit "du pêcheur".

Un pêcheur lance sa ligne, espérant que morde le poisson. Dans la physique classique, que le pêcheur voit ou non celui-ci, qu'il l'attrape ou non ne change pas grand-chose à l'affaire : le poisson se trouve en un lieu précis et déterminé, sur lequel le pêcheur n'a aucune influence. Il en va tout autrement dans la physique quantique. Premier cas de figure : l'interaction pêcheur/poisson est nulle. Autrement dit notre homme n'attrape ni ne voit rien. Alors, le poisson n'est que paquets d'ondes. Autrement dit, au lieu de pouvoir être situé en un point précis de l'espace, il occupe une portion indé-

terminée du fleuve ou de la rivière. Second cas de figure : le pêcheur aperçoit ou ferre l'habitant des eaux. Il y aura alors ce qu'on nomme "réduction du paquet d'ondes", ce qui veut dire que le poisson redevient subitement matière. J'entends d'ici grincer les méninges de certains de mes lecteurs et lectrices. Aussi vais-je tenter de résumer brièvement ce qui découle d'un tel concept. La Science moderne (et non pas de quelconques illuminés) ne nous dit rien de moins que ceci : la manière dont nous regardons, percevons et appréhendons la réalité possède sur cette réalité une influence directe. Difficile dès lors de nier de manière catégorique et en bloc l'existence de pouvoirs paranormaux ni la validité des expériences spirituelles, mystiques et initiatiques. Une voie dans laquelle, d'ailleurs, se sont engouffrés quelques physiciens quantiques. Citons pour mémoire **Jean Charon** (qui affirme que non seulement la télépathie existe, mais que sans elle toute communication serait impossible, un mot possédant généralement plusieurs niveaux de significations), Fritjof Capra (auteur du "Tao de la Physique"), Raymond Ruyer, Costa De Beauregard…
C'est d'ailleurs l'intérêt porté par André Breton aux principes scientifiques (des théories de Freud aux intuitions de Jung en passant par la physique quantique) qui permit la création du mouvement surréaliste, dont l'objectif avoué était de changer notre regard sur la réalité. Les préceptes de la physique quantique ont imprégné durablement nos mentalités, à tel point que des personnes qui en ignorent probablement tout en utilisent pourtant des principes essentiels. Ainsi par exemple du journal populaire "Voici" qui répertorie les rumeurs dans une grille de pourcentages (rumeur fiable à 20, 40, 60, 80 ou cent pour cent), ce qui n'est rien d'autre qu'une application des "calculs de probabilité".

On peut, d'une certaine manière, dire que la physique quantique réaffirme puissamment le principe de Descartes (peu respecté il est vrai par nombre de ceux qui se prétendent indûment "cartésiens") : "Ne rien accepter a priori, ne rien nier a priori".

À ces bouleversements est venue s'ajouter une mini-révolution : la création de **l'appareil Kirlian.** Loin de nous l'idée de minimiser l'importance de son apport essentiel aux disciplines ésotériques. Si nous en parlons sur le mode mineur, c'est tout simplement parce qu'en dépit de résultats plus que probants et une parfaite reproductibilité, cette invention, remisant au placard bon nombre d'idées toutes faites, et sans doute pour cette raison même, n'est pas reconnue viable par l'ensemble du milieu scientifique. De quoi s'agit-il ? Mis au point par un ingénieur russe au milieu du vingtième siècle, la fonction de cet appareil est de mesurer le champ électromagnétique qui entoure chaque être vivant. Bien des mystiques s'accordent à dire que le champ en question correspond à ce que l'on nommait jadis l'aura. Ainsi, un être en pleine santé, au summum de ses capacités physiques et mentales, va émettre un champ puissant et fortement coloré, à l'inverse d'une personne malade. Une technique qui permet parfois de déceler le terrain sur lequel risque de se déclarer une pathologie, avant même que ne s'en manifestent extérieurement les premiers symptômes.
Ce procédé met notamment en évidence un fait des plus surprenants : **les minéraux, mais également tout objet manufacturé, peuvent, comme nous vivre ou mourir**. Leur énergie se mélange souvent à celles des personnes qui les ont manipulé ou porté dans des proportions significatives. Une découverte qui remet à l'ordre du jour la fameuse "mémoire des pierres". Après une méditation, une relaxation, une projection à distance, une séance de voyance ou de magnétisme, des modifications sensibles apparaissent dans le champ (couleur, forme, intensité). De même, il est des personnes dont les énergies se repoussent. Un champ d'investigations quasiment infini s'ouvre à travers l'aura Kirlian, aux divers expérimentateurs de l'occulte.

En dépit d'un si important faisceau de présomptions, dont les conclusions devraient nécessairement, si elles étaient menées jusqu'à leur terme logique, mener à la reconnaissance incontestable de l'existence concrète des dons paranormaux, nombre de personnes, sommités ou individus lambdas, rejettent toute idée de leur probable réalité. Pourquoi ? Tout simplement parce que cette réalité ne peut être vécue par tous que de manière empirique. Que les électrodes puissent gêner un voyant dans l'exercice de ses fonctions et rendre difficile sa concentration, qu'un instant de fatigue ou un mauvais état de santé, le mauvais feeling avec une personne ou que se manifeste l'impossibilité de pénétrer un esprit totalement hermétique ou en état d'alerte, ce sont autant de causes d'échec possible difficilement quantifiables sur un pur plan scientifique. Comme tous phénomènes dont l'élément déclencheur est notre esprit, dont nous sommes souvent confrontés au peu de fiabilité, ceux-ci n'ont pas l'avantage d'une reproductabilité systématique. On comprend fort bien qu'une personne malade, fatiguée, dépressive, de mauvais poil, dans un décor ou avec des personnes qui ne lui conviennent pas, puisse éprouver quelque difficulté, voire une impossibilité à résoudre une équation au troisième degré. On n'en concluera pas pour autant que l'être humain ne possède pas la faculté de venir à bout d'un tel problème. Il en va tout autrement pour les domaines que traite cet ouvrage. En reconnaître explicitement et unanimement le bien-fondé, ce serait nécessairement opérer un changement de paradigme, dont on ne peut prévoir les conséquences ni les éventuels dangers. Qu'est-ce qu'un paradigme ? C'est un principe qui remet en question la conception de la réalité antérieurement admise. Lorsqu'on découvrit que la terre était de forme sphérique et qu'elle tournait autour du soleil, il y eut changement de paradigme, rendant caduque le précédent paradigme.

Ne perdez surtout pas votre temps et votre belle énergie à tenter de convaincre un sceptique : quels que soient les éléments que vous puissiez lui apporter, et quelque probants que vous apparaissent ceux-ci, il les réfutera invariablement, dût-il user pour cela d'une mauvaise foi flagrante. Il suffira que vous ratiez une expérience, après une dizaine totalement réussie, pour qu'il crie à la superstition ou à la supercherie. Des centaines de milliers de témoignages, dont certains émanent de personnalités éminentes, allant tous dans le même sens ? Il s'agit là assurément de phénomènes hallucinatoires. Ils ont cru voir, entendre, sentir ce qui n'existait pas vraiment ; ils ont attribué à une action occulte de simples coïncidences, troublantes peut-être, mais qui n'en demeurent pas moins de simples coïncidences.

Ayant depuis fort longtemps renoncé au stupide, harassant et totalement vain exercice de vouloir prouver à tout prix, je demanderai donc à mes lecteurs et lectrices de me croire sur parole lorsque j'affirme que voyance, médiumnité, magnétisme, télépathie, télékinésie, influence à distance et rêve prémonitoires non seulement existent, mais que de plus **ces disciplines sont applicables par tous et toutes sans distinctions,** avec un peu d'entraînement et une certaine rigueur, qui ne doit cependant jamais devenir rigidité. Il existe des techniques simples, rapides et faciles à mettre en application, ne nécessitant à la base pas de connaissances particulières – mais exigeant un esprit ouvert et réceptif, sans œillères – grâce auxquelles vous obtiendrez rapidement des résultats positifs en ces domaines.

Il ne s'agit pas ici de dresser le panorama de l'ensemble des exercices spirituels pratiqués en ces matières. L'équivalent de l'encyclopaedia universalis n'y suffirait sans doute pas. **L'objet de cet ouvrage est de vous donner une méthodologie fiable et précise, qui vous permettra de faire émerger et de canaliser ces pouvoirs latents ;** Parce qu'ils peuvent vous apporter beaucoup dans votre vie quotidienne, à chaque instant ou presque. Nous avons vu plus haut quelles pouvaient être les principales causes d'échec éventuel ; aussi, lorsque vous êtes dans ce type d'état ou de condition, évitez de pratiquer. Vous auriez à fournir bien des efforts supplémentaires sans obtenir de résultats valables. Un obstacle récurrent – nous verrons également comment le réduire à une proportion minime – est également constitué par la dispersion de nos pensées, les idées parasites finissant souvent par prendre le dessus. **Or, il est essentiel que vous soyez intégralement présent dans l'acte que vous effectuez.** Là aussi, il existe des recettes incomparables pour discipliner son mental. De même, ne renoncez pas dès les premiers trébuchements. En fonction de la profondeur de votre inconscient à laquelle vous avez repoussé de telles possibilités, les premiers résultats pourront être plus ou moins longs à apparaître. **Les méthodes que vous utiliserez sont issues de diverses traditions initiatiques et spirituelles.** Elles ont amplement fait leurs preuves et finiront toujours par aboutir. La régularité avec laquelle vous les effectuerez sera la garantie de vos succès futurs, et vous n'aurez certes pas lieu de regretter votre ténacité, car ce que vous obtiendrez grâce à elles dépasse, de très loin, la plus folle imagination. Il ne vous reste plus à présent qu'à vous mettre au travail, à votre rythme, mais de manière constante, ne passant à l'exercice suivant que lorsque vous aurez parfaitement maîtrisé le précédent. Si vous échouez systématiquement en phase deux, c'est que vous n'avez pas totalement assimilé la phase un. Aussi ne manquez jamais de réviser les leçons antérieures si nécessaire.

QUELQUES OUTILS INDISPENSABLES

– Mais je ne peux quand même pas croire à l'incroyable...
– Je prétends que vous ne vous êtes pas suffisamment entraînée !
Ce dialogue entre la petite Alice et la Reine Noire, dans "De l'autre côté du miroir" de Lewis Carroll, aussi paradoxal que cela puisse paraître, constitue une bonne base de travail. En effet, avant toute chose, il vous faudra certainement entreprendre une sorte de rééducation, pour vous réapprendre à croire à ce que nous jugeons

incroyable. Toute notre éducation vise à éradiquer en nous les pulsions mystiques, ou pour le moins à les contrôler. Ainsi, attendez-vous, dans les premières phases de vos exercices, à éprouver une sorte de rejet, tenté(e) de tout abandonner sur un cinglant "tout ça, ce n'est que des foutaises !". On ne revient pas aisément sur l'imprimature du rationnel dans nos cerveaux. Ne vous en formalisez pas, c'est un réflexe parfaitement normal. Il existe des outils grâce auxquels vous parviendrez progressivement à **"lâcher prise"** et atteindrez un maximum d'efficacité. Lorsque nous disons "outils", il ne s'agit pas nécessairement d'instruments que vous devez vous procurer, mais plutôt de disciplines et de dispositions vous permettant d'accomplir plus facilement les travaux contenus dans ce livre.

CHAPITRE I

Ritualisation

Le mot "rituel" pourra sembler déplacé à certain(e) s dans le cadre de cet ouvrage, car il n'entre pas spécifiquement dans le vocabulaire des très sérieux "parapsychologues" ; c'est oublier qu'éthymologiquement parlant la Magie était l'Art Majeur, sorte de matrice dont émanaient toutes les sciences et tous les arts, qui n'en constituaient que des sous-ensembles.

Au XIXe siècle s'opéra une sorte de bifurcation à cent-soixante degrés. Dans l'espoir, le plus souvent d'ailleurs vain, de se rapprocher des milieux scientifiques, les adeptes des disciplines ésotériques qui sentaient le moins le soufrent, se débarrassèrent à la va-vite de tout ce qui pouvait, de près ou de loin, se rapprocher des sciences occultes... sans se poser aucunement la question de leur éventuelle utilité ! Une vaste fumisterie qui, hélas, se perpétue de nos jours. C'est ainsi que nombre de spirites deviennent la proie d'une instabilité mentale, voire de dégâts physiologiques faute des protections nécessaires ; que les expériences de télépathie ou de télékinésie sont réduites à leur plus simple expression, et s'exercent dans les conditions les moins propices à l'expansion de l'esprit, qui en demeure cependant le starter. Autant dire que seul un(e) surdoué(e) peut y parvenir dans ces conditions… Le rituel, outre sa fonction magique supposée – et n'en déplaise aux détracteurs, la plupart du temps justifiée par les faits – possède une utilité majeure : en "relookant" votre espace le temps de la "cérémonie", vous quittez tout ce qui pourrait vous rappeler vos préoccupations quotidiennes pour entrer dans ce que l'ethnologue et philosophe Mircea Elliade nommait fort justement le "temps magique". Vous êtes dans un autre espace-temps. **La ritualisation donne à chaque objet une valeur différente et vous permet de déconnecter de votre réalité ordinaire.** Il est évident cependant qu'elle ne pourra s'opérer lorsque vous exercerez en direct. Mais toute pratique à l'intérieur de votre appartement gagnera à être ritualisée, préparant votre esprit à s'ouvrir à d'autres niveaux de réalité.

Créer une atmosphère propice à ouvrir les portes de la perception ne vous demandera que peu d'efforts, mais entraînera des changements radicaux dans votre comportement. J'ai connu par exemple des fumeurs invétérés parvenant à se concentrer plus d'une heure

sans difficultés sur certains exercices. Alors qu'ils ne l'auraient sans doute pas pu si le "décor" avait quelque peu ressemblé à celui de leur existence quotidienne.

En premier lieu – et nous le rappellerons plusieurs fois aux distraits(e)s tout au long de cet ouvrage –, évitez les éclairages violents. Lampe diffusant une lumière douce (proscrivez cependant si possible les halogènes) ou, mieux encore, des bougies. Vous les prendrez de couleur blanche, dorée ou violette, pour des raisons que nous verrons ultérieurement. **Ces tonalités véhiculent des notions positives et dynamiques, en même temps qu'elles constituent une sorte d'incitation à la spiritualité.** Vous pouvez fixer au mur un tissu de couleur unie, de manière provisoire. Ayez également recours à l'encens, que vous diffuserez au travers de la pièce. Certes, l'encens en poudre jeté en pincées sur des charbons ardents serait

l'idéal, mais si vous ne pouvez, pour une raison ou une autre vous en fournir, un bâtonnet d'encens "ordinaire" conviendra parfaitement. Sa riche fragrance vous aidera en quelque sorte à lâcher prise, à oublier que vous êtes au cœur de votre lieu de vie.
Si vous vous trouvez assis face à une table – sur laquelle par exemple, vous poserez bougies et encensoir, ainsi que tout autre élément dont vous pourriez avoir besoin -, recouvrez celle-ci d'une nappe blanche ou violette, en tout cas de couleur unie, afin que des motifs trop riches ne déconcentrent pas votre attention.

Un mot encore sur les bougies : elles ne servent pas uniquement à modifier l'aspect de votre appartement, mais également à favoriser votre concentration en vous offrant un point focal, **c'est-à-dire un objet sur lequel vous pouvez vous fixer afin de faire le vide mental**. De plus, les scruter finit par engendrer, sans risque d'abîmer la rétine – à l'inverse d'une ampoule électrique - des phosphènes. Ces petits cercles colorés qui apparaîtront devant vos yeux sont particulièrement propices à l'éveil des pouvoirs paranormaux. Feu le Docteur Lefébure y a consacré un nombre conséquent d'ouvrages, auxquels nous convions lecteurs et lectrices à se reporter.

Il va de soi que, pendant le temps que vous pratiquerez, vous ne devrez à aucun prix être dérangé(e). Aussi débranchez votre téléphone, éteignez votre portable etc. De même, ne prévoyez pas de vous faire une "petite séance" entre deux rendez-vous, avant du moins de vous être quelque peu entraîné(e) aux matières qui font l'objet de ce livre. Car, à vos débuts, votre retour "définitif" à une conscience normale de vous-même et du monde qui vous entoure peut prendre un temps plus ou moins long. Vous voilà prévenu...

Toute ritualisation implique une déritualisation afin de revenir rapidement et sans difficultés à votre vie quotidienne. Aussi, après vous être exercés, mouchez vos chandelles et rangez-les dans un tiroir affecté à cet usage jusqu'à la prochaine fois. Pliez la nappe utilisée pour transformer votre nappe en autel et placez-la au même endroit (mais pas les unes contre l'autre tout de même...). Ainsi que ce qu'il vous reste d'encens, le tissu éventuellement fixé au mur – que vous défixerez donc. Après cela, allumez les lumières et ouvrez en grand les fenêtres, jusqu'à ce que l'odeur de l'encens se dissipe... et n'oubliez pas de rebrancher votre téléphone.

Visualisation

Pouvoir se représenter visuellement un lieu, une personne ou un objet, pour se le projeter sur **son écran mental** n'est pas nécessairement une chose qui va de soi. Cependant, c'est pour ainsi dire une condition sine qua non à la plupart des exercices qui font l'objet de cet ouvrage. Qu'il s'agisse de télépathie, d'influence à distance ou même de la médiumnité, la visualisation constitue un indispensable starter à toute action efficace, comme une préconstruction sur les plans subtils. Support privilégié de notre volonté, parce qu'elle lui permet de se focaliser de manière précise et oriente notre esprit dans la bonne direction, elle peut nécessiter quelques efforts mentaux. Sa difficulté principale – et ce sur quoi butent la plupart du temps les débutants – réside dans **la faculté de retenir tous les détails sans se fixer sur eux,** et ainsi effacer l'ensemble. Par exemple, vous croyez connaître une personne par cœur, jusque dans les moindres détails. **Vous vous la représentez sur votre écran mental.** La vision d'ensemble vous paraît parfaitement nette. Et soudain, vous avez un doute, sur la couleur exacte de ses yeux, la forme de son nez... N'est-elle pas un peu plus grande ? Et la forme de ses oreilles ? Donc, toute votre attention se mobilise sur ce point de détail, et du coup, le reste de votre image mentale devient flou. Tentez l'expérience sur une personne vraiment très proche. Vous aurez sans doute de sacrées surprises…

Chez vous

Vous allez commencer vos exercices par l'objet le plus simple que vous puissiez trouver, c'est-à-dire ne présentant pas de motifs complexes, ce qui ne signifie pas pour autant que vous deviez "bâcler" son observation.

Par exemple un crayon, une fourchette ou une gomme. Regardez-le attentivement, même si vous pensez pouvoir sans peine le reconstituer de mémoire. Lorsque vous estimerez être en mesure de le faire,

fermez les yeux et représentez-vous cet objet. Attention, aucune zone ne doit être floue. Vous devez, dans l'idéal – ce que vous aurez sans doute du mal à faire dès la première fois – pouvoir zoomer sur un détail, puis revenir sur l'ensemble sans que votre vision en soit troublée. **Au départ, l'image apparaîtra, puis disparaîtra.** C'est normal. Ce n'est qu'avec le temps que vous parviendrez à maintenir une image stable.
Il ne vous reste plus qu'à comparer l'image que vous en avez gardée avec l'objet en question. Si vous remarquez que vous avez oublié un léger détail, grossi ou diminué certains éléments, revenez au stade de l'observation et recommencez. Étant donné que chaque visualisation ne devrait pas durer plus de quelques minutes, vous pouvez ainsi renouveler l'opération un certain nombre de fois. Cependant, si vous sentez que votre attention se relâche, que la fatigue ou que l'énervement pointe le bout de leur nez, interrompez votre pratique, car elle ne donnerait pas alors de bons résultats.

Vous trouvez l'exercice facile ? Ajoutez-lui un degré de complexité complémentaire en tentant de reproduire votre objet dans son volume, dans sa densité, jusqu'à ce que vous ayiez l'impression de l'avoir devant les yeux. Après une semaine de cet exercice – en changeant de temps à autre d'objet pour ne pas créer de lassitude –, **vous serez en mesure de choisir un objet présentant une plus grande complexité,** comme une montre, un coupe-papier présentant une configuration particulière, une carte à jouer (évitez dans un premier temps le Tarot de Marseille, dont les figures sont infiniment complexes. Lorsque vous aborderez ce stade, commencez par les arcanes mineures, plus faciles à mémoriser), un stylo multicouleurs, un pendule etc. Jusqu'à ce que vous ayiez l'impression de pouvoir visualiser aisément n'importe quel objet. Méfiez-vous, ce n'est parfois qu'une première impression, et il n'est pas toujours aisé de passer à la phase supérieure. **Avant d'envisager ce passage, faites l'expérimenta-**

tion suivante : après la phase d'observation de votre objet, vous allez ranger celui-ci dans le fond d'un tiroir, de manière à ne pas l'avoir sous les yeux. Laissez passer une heure, pendant laquelle vous vaquerez à vos occupations quotidiennes - si ce délai vous parait trop long, vous pouvez opter, pour commencer, par une demi-heure. Puis tentez de visualiser l'objet que vous avez longuement scruté. Y parvenez-vous ? Si non, entraînez-vous, car la post-mémorisation est un atout indispensable pour l'influence à distance.

Vous allez maintenant tenter de visualiser un visage. Celui d'un ami cher, par exemple. Une visualisation qui présente bien des pièges. Choisissez de préférence celui d'une personne dont vous possédez une photo de bonne qualité, voire plusieurs de diverses tailles, ce qui naturellement vous permettra une vérification immédiate, notamment au niveau des proportions, car c'est souvent là où le bât blesse.

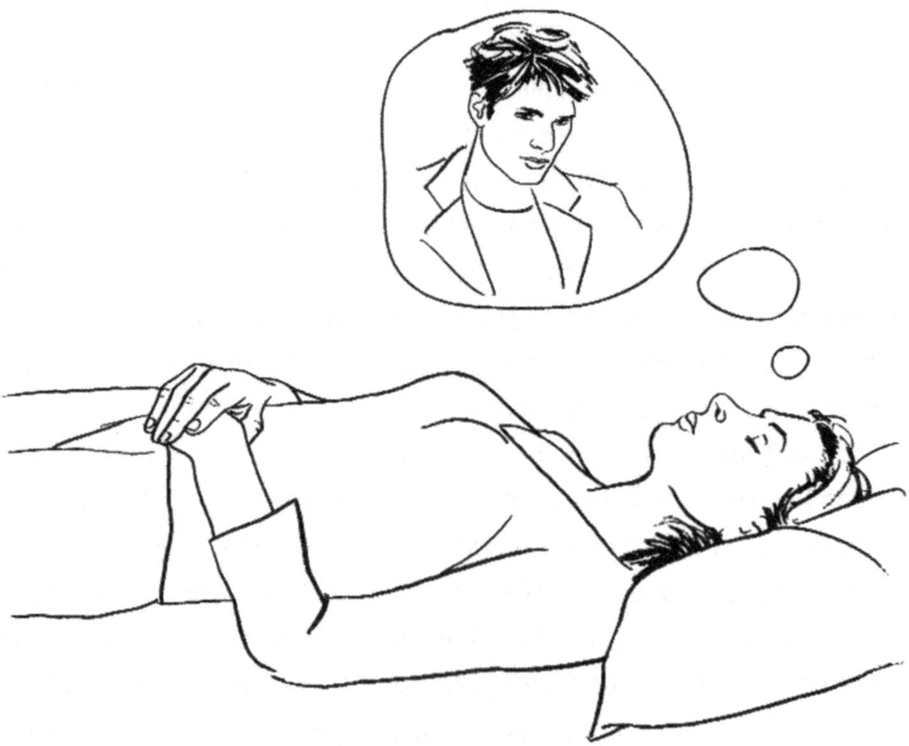

Vous procéderez exactement de la même manière que pour les objets précédemment étudiés. **La seule différence est que le visage humain représente un ensemble extrêmement complexe, comprenant nombre de détails.** Mais, si vous avez assimilé les premières phases, vous devriez finir par y parvenir avec un peu de persévérance. Si tel n'était pas le cas après la troisième séance, retournez à la case précédente, car il est plus que probable que vous n'ayiez quelque peu surestimé vos progrès en la matière. Pendant environ une semaine, vous vous concentrerez uniquement sur le visage de cette personne. Vous sentez-vous près à l'imaginer en mouvement ? Si non, il existe une manière très simple de vous entraîner, pour peu que vous possédiez un ordinateur ou un lecteur DVD. Optez de préférence pour un film avec une star – masculine ou féminine – au générique. Ainsi, vous vous rappellerez plus aisément ses traits. Dans un film – si vous l'avez déjà vu, c'est encore mieux –, vous allez isoler une scène de quelques minutes où elle apparaît à l'écran. Coupez le son et scrutez attentivement chacun de ses gestes. Puis éteignez la télé et reconstituez mentalement la scène, mouvement après mouvement. Repassez la scène pour vérifier le bien-fondé de votre visualisation. Recommencez jusqu'à ce que vous soyez capable de la voir en mouvement sans le support de l'écran.

Dans la rue

Il y a tout un voyage à entreprendre dans la proximité", disait le romancier et poète Jean-Pierre Otte. C'est très exactement cela que vous allez accomplir. **Munissez-vous d'un carnet et d'un stylo, qui vous serviront à noter vos impressions.** Choisissez une rue que vous croyez connaître par cœur. Évitez les rues trop passantes, car le but n'est pas de vous faire remarquer. Dans cette rue, vous allez isoler un court tronçon, sur un seul trottoir. Quatre ou cinq mètres peuvent suffire. Vous pouvez également prévoir une portion plus grande, et restreindre progressivement celle-ci en fonction de vos éventuels résultats. Définissez un point de repère qui marquera la fin de votre "voyage". Cette distance, vous allez la franchir le plus lentement possible, en observant tout, absolument tout autour de vous : **immeubles, commerces, enseignes, fenêtres ouvertes ou fermées, sans pour autant y passer des heures.** Sans doute découvrirez-vous des détails que vous n'aviez jusqu'à présent jamais remarqués.

Au terme de votre périple, asseyez-vous sur un banc (s'il s'en trouve à proximité) ou placez-vous dans le recoin d'une porte cochère. **Fermez ou baissez les yeux et recréez visuellement le tronçon de rue traversé.** Attention ! Il ne s'agit pas d'une simple énumération, du style : la première maison avait cinq fenêtres, ensuite il y avait une boutique de mode qui s'appelait... Il est indispensable que vous voyiez ce que vous évoquez mentalement. Autrement, l'exercice n'aurait aucune valeur. Vous avez reconstitué visuellement votre trajet ? Vous allez le refaire, physiquement cette fois et constater jusqu'à quel point votre "vision" est valide. Notez les résultats obtenus et les points de comparaison sur votre carnet. Les premières fois, il est probable que vous soyez victime de pensées parasites, du type " cette maison, combien d'étages avait-elle déjà ? Et la rue qui traversait s'appelait comment ? Votre cerveau risque de se cristalliser dessus et de perdre le fil. Mais vous viendrez vite à bout de cet inconvénient.

Accomplissez cet exercice chaque jour, en changeant de temps en temps de tronçon ou de rue. Plus vous pratiquerez, plus le temps d'observation nécessaire à l'imprégnation des éléments visuels sera bref. Si un jour, vous avez moins de temps, contentez-vous de mémoriser, de cette manière, un seul immeuble, de préférence contenant peu d'étages. L'exercice pourra, à certains moments, vous apparaître fastidieux, mais il est pourtant nécessaire à une pratique efficace de la visualisation, sans laquelle la télépathie ou l'influence à distance ne pourraient opérer.

Chapitre II

Méditation et relaxation

La frontière entre relaxation et méditation est souvent relativement mince. On pourrait en résumé affirmer que la première vise un but essentiellement pratique (arrêter de fumer, vaincre le stress, assainir notre rapport avec l'argent...) en nous faisant communiquer directement avec notre inconscient et en y inscrivant des messages visant à modifier notre état d'esprit.
La seconde tend, quant à elle, à "**dégripper la machine**", en d'autres termes à faciliter notre perception des énergies subtiles, à nous ouvrir à d'autres niveaux de réalité et à favoriser l'expansion de notre champ de conscience.

Cependant, les différences ne sont pas toujours aussi tranchées. Certaines méditations possèdent un but ciblé et il est des relaxations dont le seul objectif est de nous déstresser ou (et) de permettre le "**lâcher prise**" de notre esprit rationnel. C'est notamment le cas des relaxations dites de "base". **Leur principe est simple :** il s'agit d'imaginer, jusque dans le moindre détail, un paysage dans lequel on se sent bien. Pour une progression efficace, vous utiliserez un CD, dont la voix vous guidera pas à pas. Il peut s'agir d'un CD de relaxation

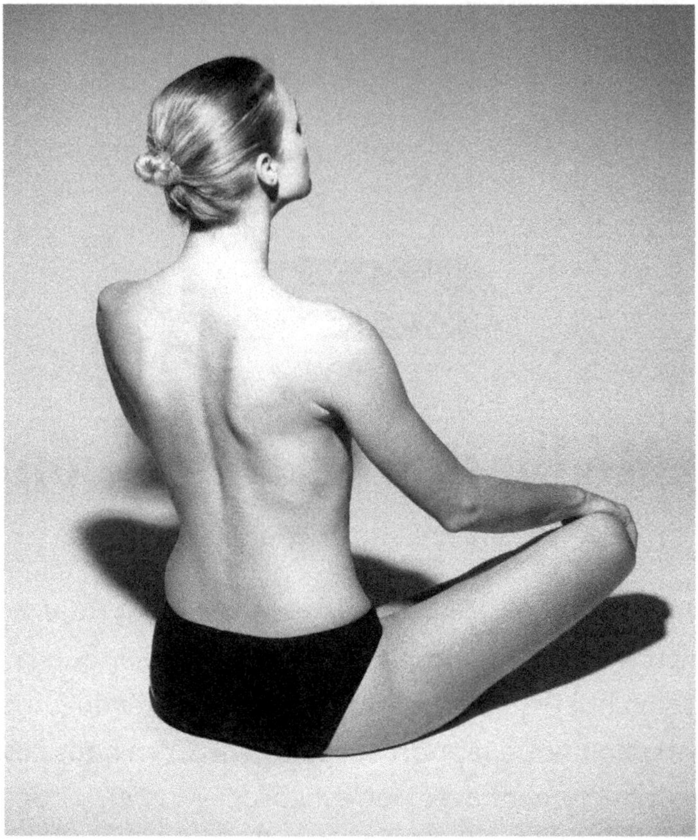

comme on en trouve dans nombre de boutiques ésotériques, mais vous avez également la possibilité d'enregistrer les "instructions" sur votre téléphone portable, en prenant bien la pose entre chaque mot de manière à laisser à votre esprit le temps d'assimiler les informations. **Toute relaxation, fût-elle de base, est initiée parce que l'on appelle "survol du corps",** que nous étudierons de manière plus détaillée dans le chapitre suivant, celui concernant la télépathie. Ceux et celles qui veulent en savoir sur ce domaine se reporteront avec profit à mon livre sur l'auto-hypnose, aux mêmes éditions.
Mais mon but n'est pas ici, en l'occurrence, de disserter sur ces deux sujets, mais d'analyser l'apport et l'impact qu'ils sont susceptibles d'avoir sur l'éveil de nos pouvoirs secrets. Il est en vérité immense. Ces deux disciplines vont, en quelque sorte, "défricher le terrain" et

préparer votre esprit à vivre cette grande aventure, en le rendant disponible à d'autres types d'informations que celles obtenues dans notre vie quotidienne. On ne peut à proprement parler évoquer une "perception extrasensorielle" isolée du reste, mais plutôt d'une dimension supérieure des sens, puisque, comme nous le verrons, tous seront mis à contribution. La relaxation peut certes servir à nous débarrasser de problèmes entravant notre expansion spirituelle, mais outre cet aspect particulier, qui ne dépend que de votre propre nature, la relaxation de base, pratiquée régulièrement, ouvrira en vous ce qu'Aldous Huxley (l'auteur du "Meilleur des Mondes") nommait "Les portes de la perception". Il en va de même de la méditation, dont la fonction principale est de réentraîner un "muscle" que vous avez perdu l'habitude de faire fonctionner. Trois méditations simples à mettre en pratique vous offriront, de ce point de vue, d'immenses bénéfices.

Méditation de la flamme

- *La légende dit qu'un jour Bouddha se retrouva face à un mur et qu'il en fut éclairé…*
- *Ah oui ! Et tu te prends pour Boudhah, sans doute ?*
- *Non, pour le mur…*

(Richard L. Moore : le Cercle de Fer)

La vie rapide et stressante que nous propose le monde contemporain nous permet peu de prendre le temps d'écouter notre "**guide intérieur**". C'est un véritable miracle lorsque nous pouvons enfin nous retrouver seuls face à nous-même, et pourtant nous songeons rarement à privilégier de tels face à face avec notre moi profond… Pis encore, l'idée de mouvement permanent a tellement imprégné les couches de notre subconscient que lorsque se présente une telle éventualité, nous nous attachons immédiatement à remplir les blancs et à programmer une sortie, ou une soirée télé... Toutes activités qui nous empêchent véritablement non seulement de penser par nous-mêmes, mais également de nous ouvrir à d'autres niveaux de réalité. **La lumière d'une bougie est la plus propice à l'expansion de notre conscience ;** toutefois, pour cet exercice, tout objet pourrait faire affaire. **L'essentiel est de conserver un "point focal", sur lequel vont se cristalliser nos pensées.**

Fixez dans un chandelier une ou deux bougies blanches. Allumez-les puis éteignez les lumières électriques. Placez-vous face à elle (vous pouvez également utiliser un peu d'encens mais ici, cela ne s'avère pas indispensable) et observez quelque temps le vacillement de la flamme. Au bout d'un moment, les pensées vont se mettre à défiler dans votre esprit. Ne censurez rien et laissez-vous guider sans chercher à en retenir le flux. C'est sans doute là le plus difficile : **ne pas à**

tous prix s'attacher à une pensée spécifique, ne pas vouloir les retenir. Les laisser-aller en toute liberté. Qu'elles soient triviales ou hautement spirituelles, qu'elles viennent du fond de votre inconscient ou vous semblent émises par une autre source que votre propre esprit. N'effectuez absolument aucun tri ; Au bout d'une semaine de cette pratique, **vous imprimerez à vos pensées une direction précise,** qui pourra changer d'une séance à l'autre. Votre vie amoureuse, vos relations avec les autres, votre relation à l'argent etc. Vous avez libre choix de votre "thème" mais vous devrez vous y tenir. Une séance peut avoir une durée variable. Vous sentirez le moment où vous devez l'arrêter, qui peut aller de vingt minutes à deux heures. L'essentiel est que vous vous accordiez régulièrement ce temps de retrouvailles avec vous-même, pour pouvoir écouter cette "**voix intérieure**" qui, la plupart du temps, est masquée par un bruit de fond. Une véritable auto psychanalyse qui ne vous aura pas coûté grand-chose.

Méditation de l'horloge

Cet exercice présente un grand nombre d'avantages, que nous allons étudier avant d'entrer dans le vif du sujet. Tout d'abord, il associe étroitement dans votre esprit projection mentale et mouvement, ce qui se révèle extrêmement utile, aussi bien pour le maniement du pendule que pour l'influence à distance.
De plus, il sollicite toutes vos facultés de concentrations et vous permet de canaliser correctement votre esprit. C'est une pratique qui prépare parfaitement à toute exploration d'un domaine parapsychologique ou assimilé. Elle se pratique en général allongé. N'oubliez pas de placer des coussins ou des oreillers au niveau de votre tête et de vos reins, afin qu'une sensation physique désagréable ne vienne pas compromettre la validité de l'expérience. Naturellement, vous n'omet-

trez pas de "ritualiser" – voir plus haut – la pièce dans laquelle vous exercez, afin de créer un climat propice à votre déconnexion.

Fermez les yeux et imaginez que votre visage soit une horloge. La difficulté première sera constituée par "l'effet miroir". En effet, "l'horloge" est tournée vers l'extérieur. Par conséquent, son côté droit se situera à gauche de votre visage. Reprenons ; en haut de votre crâne, le chiffre 12. Sur votre côté gauche, à mi-chemin, c'est-à-dire approximativement vers le haut de votre mâchoire, le chiffre 3. En bas, face au chiffre 12, le 6. Sur le côté droit du visage, le neuf. Ne cherchez pas à être perfectionniste en visualisant chacun des degrés intermédiaires d'une horloge "normale" ; à force de vous perdre en détail, vous négligeriez la vue d'ensemble.

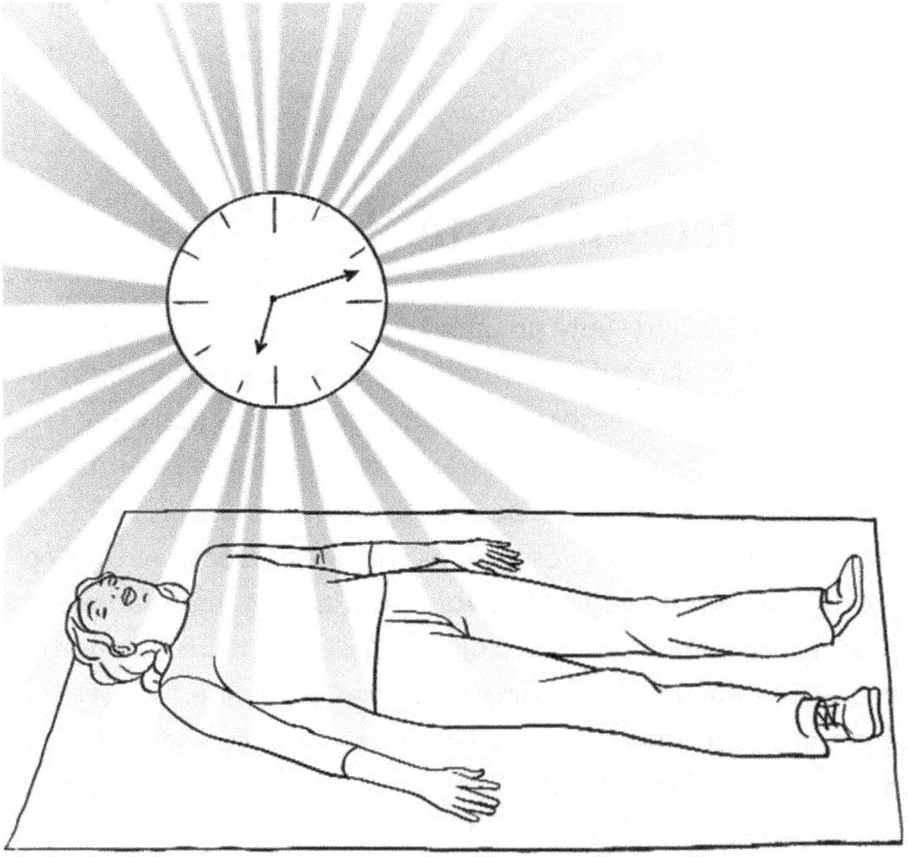

Contentez-vous des chiffres qui vous sont donnés, et qui suffisent pour mener à bien l'exercice. Visualisez à présent les deux aiguilles, la grande et la petite, au niveau du 12. Autrement dit, il est midi ou minuit sur votre horloge intérieure. Faites descendre la petite aiguille au niveau du 3, de manière progressive. Puis du 6. Observez une pause. Vous allez à présent entamer la remontée. Vers le 9, puis vers le 12. N'oubliez pas, lorsque la petite sera sur le 12, de légèrement faire descendre la grande aiguille. La seconde phase peut être entreprise lors de la même séance, ou n'être mise en place que lorsque vous aurez parfaitement maîtrisé le premier mouvement mental. **Il s'agit de jouer la machine à remonter le temps, autrement dit, de faire effectuer à vos aiguilles le chemin inverse.** Ne vous traumatisez pas si vous oubliez un petit détail. Il prendra naturellement place lors de votre prochaine séance. Que les deux phases constituent un seul et même exercice ou que vous ayiez décidé de les différencier, vous répéterez deux ou trois fois l'opération, sans chercher à accélérer le mouvement.

Un conseil : lorsque vous aurez terminé cette méditation, ouvrez doucement les yeux – une autre utilité des lumières douces – et ne vous relevez pas trop brutalement. Prenez le temps de récupérer vos esprits. Outre les avantages précités, cette méditation vous rendra plus conscient dans votre rapport à l'espace, plus présent dans votre corps et harmonisera corps et esprit. Elle est notamment utilisée dans la gymnastique Fedenkraïs.

Méditation de l'ascenseur

L'objet de cette méditation est de vous faire **prendre conscience** de vos ressources intérieures, en vous mettant directement en contact avec votre subconscient, qui vous ouvrira les portes de votre potentiel inutilisé.

Elle n'est pas cependant parfaitement sans risques, et sera notamment déconseillée aux personnes réellement dépressives, à celles qui souffrent de troubles nerveux ou cardio-vasculaires, ainsi qu'aux femmes enceintes et aux enfants en bas âge – je sais bien que la mode actuelle veut que l'on considère qu'un enfant de dix ans est un "adolescent" mais nous déconseillons cet exercice aux individus de moins de seize ans, et uniquement s'ils manifestent un intérêt réel pour cette discipline. Tout "forcing" pourrait être extrêmement néfaste –. Ici aussi, vous serez de préférence allongé, dans les meilleures conditions de confort possibles. Lumière douce, téléphone débranché. Vous commencerez par un survol du corps (voir mode d'emploi plus loin, dans le passage consacré à la télépathie).

À présent, imaginez que vous êtes dans un ascenseur. Un tableau clignote au fur et à mesure de votre descente. Premier sous-sol, deuxième sous-sol, troisième sous-sol, quatrième sous-sol. Vous descendez et vous retrouvez dans une pièce de couleur noire. Les murs, les sièges, tout est noir. Une lumière qui semble émaner des murs eux-mêmes vous éclairent sans diluer cette couleur. Vous apprenez vite à vous repérer et découvrez une porte tout au fond. Vous vous dirigez vers elle. Vous l'ouvrez et pénétrez à l'intérieur d'une nouvelle pièce. Cette fois, elle est de couleur rouge. Tout, du sol au plafond est rouge. Vous demeurez quelques instants dans cette pièce, jusqu'à ce que vous ayiez repéré une nouvelle porte. Vous vous dirigez vers elle. Vous l'ouvrez et entrez dans une pièce dont les murs et les meubles sont intégralement bleus. **Ne refluez pas les sentiments, les sensa-**

tions qui s'imposent à vous. Avancez, observer. Sur le côté, une autre porte. La pièce cette fois-ci est totalement blanche. La différence, c'est que dans celle-ci se trouve un homme. Vous ne l'avez jamais vu auparavant; pourtant, vous le reconnaissez. **C'est votre guide intérieur,** la concrétisation de cette "petite voix" qui vous a jusqu'alors évité bien de péril. Que se passe-t-il alors ? Que vous dit-il ? Que fait-il. À ce stade de la méditation, la suite ne dépend que de vous et de votre propre état d'esprit.

Après cette entrevue, vous reviendrez progressivement à la conscience de votre corps physique. Prévoyez tout de même, avant de pratiquer cet exercice, **un objet-contact**. Il s'agit d'un objet dont le contact, la consistance vous feront revenir rapidement à un état de conscience "normal" par simple pression si les choses tournaient mal - angoisses, accélération trop forte du rythme cardiaque, difficultés respiratoires etc –. Voir également à ce sujet les chapitres sur la télépathie et sur la médiumnité. Vous pouvez également, avec un ami, décider de vous relayer dans ce type de méditations, l'un servant de garde-fou à l'autre et vice versa. La personne qui endossera ce rôle, si elle sent que la méditation ne se passe pas comme prévu, ne devra pas ramener brutalement son ami à la "réalité", mais lui toucher doucement la main, ou l'épaule, puis accentuer progressivement la pression de sa paume jusqu'à un retour complet.

Chapitre III

Télépathie

Les expériences de **Rhine** ont, dans la seconde moitié du vingtième siècle, donné de la télépathie une image partielle et partiale qui a contribué à véhiculer bon nombre d'idées reçues. Entre autres, celle qui consiste à dire qu'elle serait l'apanage de médiums surdoués. Ou celle, bien ancrée, qu'il voudrait que par son intermédiaire, nous transmettions images et pensées sans passer par le support du corps.

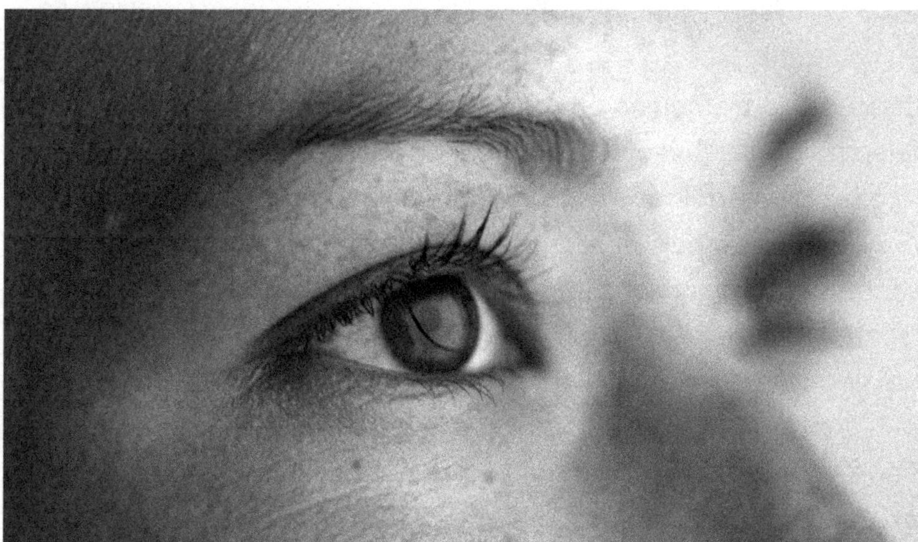

C'est pourquoi, avant de poursuivre plus avant et d'aborder les exercices pratiques, il est nécessaire de tenter une définition de ce qu'à notre sens (estimation qui s'appuie principalement sur l'expérimentation) est la Télépathie. On pourrait, en résumé, dire qu'il ne s'agit de rien d'autre que d'une transmission d'informations d'un corps vivant à un autre, sans passer de manière directe par le truchement des gestes ou des mots. Que sommes-nous susceptibles de transmettre par un semblable vecteur ? Des mots, des idées, des images, mais également des mouvements ou des sensations physiques. Beaucoup d'expériences furent tentées dans ce sens au XIXe siècle, mais étrangement les grands expérimentateurs du siècle dernier semblèrent délaisser les derniers aspects de la télépathie. Il s'agit pourtant d'axes essentiels, qui trouveront toute leur utilité dans **la pratique de l'influence à distance.** La télépathie ne s'effectue pas uniquement d'être humain à être humain, mais peut s'appliquer à l'ensemble des règnes de la Nature, qu'il s'agisse du règne animal, végétal ou minéral. Ainsi un objet pourra être chargé volontairement d'informations (c'est d'ailleurs en magie qu'on nomme fort opportunément "des charges") ou délivrer celles-ci (ce qui explique par exemple la fameuse "mémoire des murs"). Le phénomène de "la main verte" trouve en grande partie son origine dans la télépathie.

Chacun d'entre nous a été confronté, un jour ou l'autre, à la réalité télépathique, souvent de manière spontanée et incontrôlée. Qu'il s'agisse d'un ami dont nous n'avons pas de nouvelles, auquel nous nous mettons à penser et qui à cet instant précis appellent à la personne dont nous fixons la nuque et qui soudainement se retourne, "sentant" votre présence, en passant par un(e) interlocuteur(trice) qui énonce à haute voix ce que nous venons de penser... Les exemples sont nombreux et, si vous les répertoriez de manière systématique, vous serez surpris(e) de leur fréquence dans le cours de votre existence. Cependant, dès lors que nous tentons l'expérience d'une projection consciente, nombre d'obstacles semblent s'évertuer à nous décourager de poursuivre. Patience, ce n'est qu'une question d'entraînement...

Dans les transports en commun

Les transports en commun offrent de multiples occasions de vous exercer. Tant qu'émetteur que récepteur. Même si vous ne pourrez, dans bien des cas, juger immédiatement du résultat obtenu, vous vous exercerez à atteindre, d'une part, une ouverture, une disponibilité dont nous avons peu l'habitude. D'autre part, **à centrer vos pensées dans les conditions qui s'y prêtent le moins,** et qui sont pourtant souvent celles dans lesquels la télépathie s'avère le plus nécessaire.

Prenez une personne au hasard dans la foule ; que celle-ci se trouve à quelque distance ou juste en face de vous n'est d'aucune espèce d'importance. Il vaut même mieux, à la limite, qu'elle soit relativement éloignée, afin qu'elle n'ait pas l'impression que vous la fixez bizarrement. À présent, yeux ouverts ou fermés, vous allez faire taire le flux incessants de vos pensées (une respiration lente et profonde, pratiquée de manière non excessive pour ne pas attirer l'attention, peut en ce sens vous aider) et vous concentrer exclusivement sur cet individu lambda, **non pas en essayant de capter ce qu'il ressent, mais en vous ouvrant aux sensations qui émanent de lui**. Il se peut qu'une première expérience ne vous apporte rien de probant, mais si vous répétez tous les jours l'exercice, au bout d'un moment vous parviendront des images, des phrases "insérées" en vous comme des souvenirs étrangers, des émotions, voire des sensations physiques. Si ces dernières venaient à se révéler particulièrement désagréables, par exemple dans le cas d'une personne très malade

dont vous éprouveriez la pathologie, n'hésitez pas à fermer votre esprit. Notez ce que vous avez perçu. À défaut d'être vérifiable à moins d'un questionnement poussé de l'individu en question, ce "cursus" peut devenir le début d'un roman. Plus sérieusement, vous aurez, de cette manière, la possibilité de mesurer, en les comparant, la précision des informations obtenues, ainsi que la multiplicité de voies par lesquelles peuvent vous parvenir de tels renseignements. **Plus votre qualité de percipient s'affinera, plus les détails abonderont,** par un nombre de sources croissant.

Une remarque s'impose avant d'aller plus loin; bien des lecteurs et lectrices se demanderont sans doute "fermer son esprit, c'est bien joli, mais comment procéder ?". **Il existe principalement trois méthodes :**

- La première consiste à penser à quelque chose d'agréable ou de désagréable (de la dernière étreinte à votre feuille d'impôts) mais qui doit impérativement se rattacher à votre vie la plus quotidienne, pour ainsi dire une réalité plus "triviale" que celle dans laquelle vous évoluez à cet instant précis. Ainsi, vous romprez aisément le fil de votre "dérive".

- La seconde est d'avoir toujours, à votre portée un "objet-contact". De quoi s'agit-il ? De quelque chose dont la densité, le poids, la matière, vous ramène immédiatement à la conscience de votre corps physique. Fort utilisés par les spirites lucides – qui ont dit qu'il s'agissait là d'une contradiction ? –, il vous suffira de l'étreindre fortement au moment où vous désurerez revenir à une réalité concrète. Par exemple le cuir de la banquette où vous êtes assis, le dessous de votre strapontin ou tout simplement un briquet ou un stylo que vous garderez à portée de main et que vous étreindrez lorsque vous en ressentirez la nécessité.

- La troisième méthode réside dans le fait de visualiser une couleur avec laquelle vous vous sentez en harmonie et de vous entourer d'une bulle colorée protectrice. Mais, dans les circonstances dans lesquelles vous opérez, nul doute que les premières méthodes se révéleront plus adaptées.

Vous allez à présent passer à la phase deux de vos exercices, celle de la projection, en envoyant un "message" à votre interlocuteur(trice) mental(e) anonyme. Ne pratiquer pas les deux phases avec la même personne, et pas nécessairement devant vous. Dites-vous que vous avez tout votre temps pour apprendre à votre rythme. Toute précipitation vous conduirait à l'échec, renforçant ainsi votre résistance inconsciente aux sciences psychiques. Repérez dans le bus ou dans le métro une personne qui vous semble déprimée, fatiguée, triste ou stressée. Scrutez les quelques instants sans en avoir l'air pour bien en fixer les traits dans votre esprit, de manière à pouvoir en projeter l'image à tout moment sur votre écran mental. Car la regarder en face serait lui donner l'impression que vous voulez forcer son intimité. **Son visage est bien présent en vous ?** Alors, vous allez commencer des émissions positives.

Concentrez-vous sur une pensée dynamique, qui doit être brève et synthétique, mais comme si vous étiez cet individu. "Je suis tout de même quelqu'un de valeur" "J'ai les moyens de sortir de ma situation" "Je vais leur montrer ce que je vaux" "Je ne vais pas me laisser faire" "Je dois réagir et me battre" sont des exemples de pensées pouvant exercer une influence bénéfique. Mais vous pouvez en trouver beaucoup d'autres. Si vous vous en sentez, sans tricher, la capacité, vous pouvez même tenter l'expérience suivante, soit de manière unique, soit en concluant votre exercice précédent de la sorte : replacez-vous dans l'état mental et physique d'une personne bien dans sa peau, confiante en la vie, remplie de vitalité et bien décidée à en découdre avec les problèmes – vous avez sûrement connu ce type d'états –. Au bout de quelques minutes de projection, regardez discrètement dans sa direction : ses épaules sont-elles davantage en avant ? Son regard semble-t-il plus droit ? S'est-elle légèrement redressée ? Son visage semble-t-il plus serein que tout à l'heure ? Si tel n'est pas le cas, c'est soi parce que vous avez échoué dans votre action télépathique (mais on obtient rarement des résultats probants dès les tout premiers essais), soit parce que celle-ci est insuffisante (émission manquant d'intensité ou individu trop à plat pour que votre injonction puisse suffire), soit parce que vous vous trouvez confronté(e) à quelqu'un dont l'esprit résiste à ce type d'influence, soit encore parce que l'information est enregistrée à retardement et que la réaction ne se fera sentir que plus tard, probablement loin de votre champ de vision.

En toutes circonstances, **sachez faire preuve d'objectivité**. Autrement dit, ne négligez aucun impondérable. Si votre "cobaye" change d'attitude et semble réagir à votre projection, n'éliminez cependant pas la possibilité qu'un autre facteur agisse. Le cours de ses pensées peut avoir changé naturellement, comme il peut avoir été obsédé par un problème dont il arrive, en fin de compte, à envisager la solution. Ne sombrez toutefois pas dans l'excès inverse en excluant toute possibilité qu'il puisse y avoir un rapport de cause à effet entre votre injonction et sa "métamorphose". Ce n'est qu'au terme d'un certain nombre d'expériences probantes et répétitives que vous serez davantage en mesure de trancher.

Au restaurant

Premier exercice

Apprendre à focaliser son esprit sur un point précis constitue un excellent entraînement pour la télépathie. Avant même de songer à pratiquer celle-ci, au sens propre du terme – toutefois, comme nous le verrons, ce que vous allez entreprendre en est bien moins éloigné qu'il ne semble –, c'est ce sur quoi s'exercera en premier lieu votre vigilance. Vous êtes dans un restaurant ou un café plein de monde. Les conversations fusent dans tous les sens, et vous avez l'impression d'un gigantesque bourdonnement. Paradoxalement, c'est lui qui va vous aider à atteindre le niveau de conscience voulu. Ne le rejetez pas, mais laissez vous bercer par lui, jusqu'à ce que vous ne perceviez plus qu'une sorte de musique diffuse. Ne cherchez pas à vous brancher sur une personne que vous connaissez, car vous compromettriez la valeur de l'expérience. **Choisissez un groupe qui vous est inconnu, en pleine discussion.** Vous allez, sans que ce soit d'une manière ostensible qui pourrait se révéler gênante, écouter ce qu'ils se racontent. Le but du jeu est que vous ne perceviez plus que leurs paroles à eux parmi le brouillard de mots qui vous entoure, ne ressentant plus que ces instruments-là au milieu d'un orchestre. L'exercice vous paraîtra sans doute compliqué au début, mais au fur et à mesure, **vous développerez votre capacité d'attention au delà même de ce que vous pouvez imaginer.** À tel point que vous pourrez compliquer la donne initiale. À un certain moment, vous lâcherez prise quelques minutes ; jusqu'à ce que vous ayiez de nouveau l'impression d'une sorte de capharnaüm dans lequel rien n'est discernable. Alors, tentez de reprendre le fil de la conversation initiale. Si vous y parvenez, c'est que vous êtes fins prêts pour des expériences plus poussées.

En couple

Voici un exercice que vous pouvez pratiquer en couple, pour peu que vous ayiez tous deux un même niveau d'intérêt pour les sciences paranormales. De même, vous pouvez vous exercer entre amis ; cependant, il est nécessaire qu'ils n'éprouvent pas de rejet prononcé quant à ce type d'expériences. Il n'est pas pour autant indispensable qu'ils y croient dur comme fer, mais simplement qu'ils demeurent l'esprit ouvert, sans a priori d'une sorte ou d'une autre, prêts à se prêter à vos directives sans préjuger du résultat. En un mot comme en cent, véritablement cartésiens.
Dans certains cas, la présence d'une troisième personne, dont la seule fonction sera d'en observer le déroulement, peu s'avérer utile. Nous allons voir pourquoi.

L'un des membres du couple (qu'il s'agisse d'un "couple" d'amis ou d'un couple au sens conjugal du terme) sera émetteur, l'autre récepteur. Une fois déterminé le rôle de chacun, il vous faudra choisir entre l'option qui consiste à demeurer tous deux dans la même pièce, ou à vous trouver dans une pièce chacun. C'est dans le second cas qu'un observateur, demeurant auprès de la personne réceptrice, peut être de quelque utilité. En premier lieu, pour observer ses éventuelles réactions physiques en arbitre impartial. En second lieu pour voir s'il n'y a pas parasitage, autrement dit qu'elle n'en vienne pas, en se plaçant en état de disponibilité, à capter une énergie mentale non désirée ; auquel cas, il serait là pour la "ramener" vers une dimension plus matérielle.

Les deux parties du couple peuvent pratiquer soit couchées ou assises toutes deux, soit l'un étant assis et l'autre allongé. Cela dépend essentiellement de votre convenance. Vous utiliserez une lumière douce, voire des bougies, pour éclairer la ou les pièces. Le recours à une musique douce n'est pas totalement indispensable, mais peut mieux convenir à certain(e)s. En revanche, quelques bâtons d'encens, voire de la poudre d'encens sur des charbons ardents (en ce cas, vous pourrez avoir recours aux grands classiques que sont l'encens de Jérusalem ou l'encens d'Église).

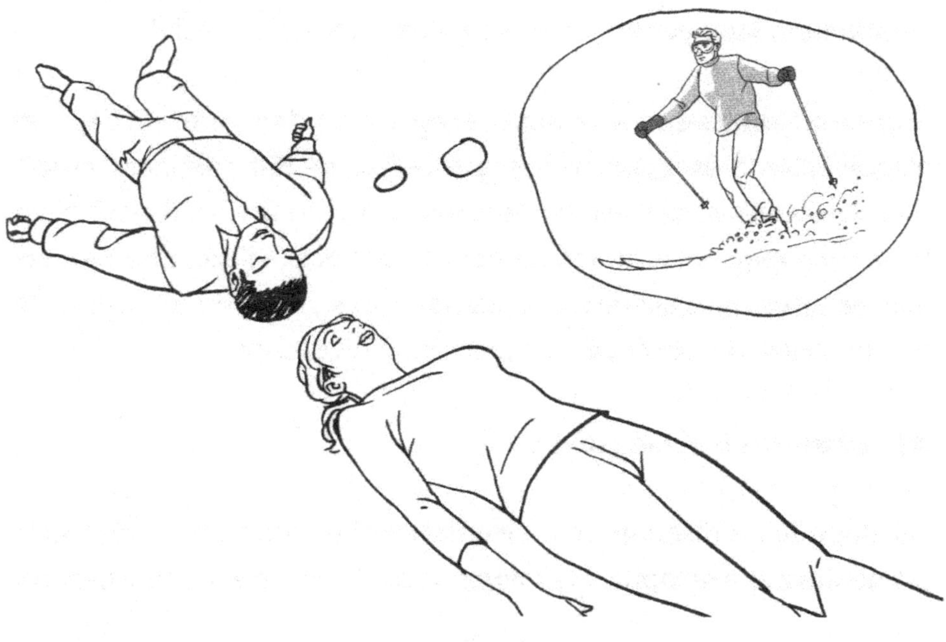

L'émetteur va choisir, sans le dire à son compagnon ou à sa compagne, une activité sportive qui fera l'objet de sa projection. Pourquoi le sport ? Tout simplement parce qu'il permet une vérification immédiate et donne les résultats les plus spectaculaires. **Vous prendrez soin de noter sur un morceau de papier, celui que vous avez retenu,** afin d'éviter toute contestation ultérieure.
Puis les deux parties vont commencer parce qu'on appelle "le survol du corps". Fermez les yeux, et prenez conscience de la position de votre corps dans l'espace. **Soyez pleinement attentif à toutes les sensations physiques.** Après une première estimation globale, vous allez procéder de manière méthodique. Partez du sommet de votre crâne et projetez votre conscience dans cette partie de votre corps. Décompressez en soufflant lentement, à la rendre parfaitement, totalement détendue. Puis passez à votre front et suivez le même processus. À vos paupières, à vos joues. Et ainsi de suite jusqu'à ce que vous soyez parvenu à vos pieds. Alors, **faites remonter votre conscience le long de votre dos**, en commençant à partir de la voûte plantaire. Cet exercice peut être lent ou rapide. Plus vous le pratiquerez, et plus vous serez en mesure d'effectuer cette opération rapidement, sans perdre pour autant une once d'efficacité.

À présent, tandis que l'élément récepteur va demeurer en état de disponibilité, préservant vierge son écran mental, l'élément émetteur va visualiser, sur celui-ci, le sport choisi en action. Il peut ainsi mettre en images toutes les variations possibles, à l'exception toutefois de celles qui s'avéreraient "dangereuses", notamment celles en relation avec des phobies de la personne réceptrice.

Que va-t-il se passer ?

Si l'émetteur, suffisamment concentré, a su émettre une image simple et directe, le récepteur va vivre son contenu. Il n'est plus question ici de transmission visuelle, comme dans les expériences de Rhine, mais de communications non verbales prenant le corps pour réceptacle. **L'individu récepteur va capter des sensations corporelles précises** (par exemple, dans le cas du ski, l'impression du vent le frôlant ou de climat froid ; pour le trapèze, sensation de balancement etc). Dans bien des cas, de manière souvent inconsciente, il peut arriver qu'il mime les gestes du sport en question – mouvements que peut noter un observateur extérieur –. En fait, le plus rare, c'est qu'il visualise le sport projeté. Il devra à tout prix rejeter la tentation d'"interpréter" ce qu'il ressent, car une mauvaise interprétation entraînerait son esprit dans une direction fausse, qu'il s'acharnerait à poursuivre. Il ne s'agira alors plus d'une perception mais d'une reconstruction de son imagination. Il se contentera de les noter mentalement.

Il est rare – et généralement, un tel phénomène est dû à une trop grande distraction de l'émetteur, qui n'est pas vraiment à ce qu'il fait... – que l'émetteur ne capte absolument rien, sous une forme ou sous une autre. Vous pourrez, après la séance, examiner les points communs entre sa perception et le sujet de votre émission mentale. Plus les points de connexion seront nombreux, plus l'exercice sera réussi. Il offre un avantage certain : celui de vous faire prendre conscience, de manière directe, de l'influence de l'esprit, non seulement sur un autre esprit, mais également sur le corps.

À quoi sert la télépathie ?

On peut sans craindre de se tromper affirmer que **la télépathie joue un rôle essentiel dans la plupart des sciences paranormales**, l'esprit jouant en quelque sorte, dans chacune d'elles le rôle de starter. Sans projection volitive consciente au départ, la plupart de ces disciplines demeurent incomplètes, voire inopérantes. **Savoir maî-**

triser l'art télépathique, c'est être en mesure de savoir si vous êtes sous l'emprise de la pensée d'autrui (la plupart du temps inconsciente) **ou si vous agissez de votre propre gré, et d'y remédier rapidement.** C'est également vous adapter à ce que l'on attend de vous, ne pas passer à côté de possibles histoires, séduire votre banquier selon ses propres codes... C'est surtout une introduction parfaite à l'influence à distance, dont elle est l'indispensable prélude. Influencer non seulement autrui, mais également modifier le tissu événementiel, ce qui ne signifie pas demander l'impossible.

Chapitre IV

Influence à distance

Il nous semble peu probable qu'après tout le chemin traversé ensemble, il se trouve encore parmi vous quelques petits malins (malignes) qui, par jeu, voudraient tenter des expériences extrêmes. Mais on ne sait jamais…

Avant d'aborder ce chapitre, où pour tout dire, nous nous trouvons au poste frontière entre parapsychologie et magie, je tiens à formuler quelques nécessaires mises en garde. En dépit des idées reçues, le fameux "choc en retour" n'a absolument rien à voir avec des notions éthiques ou morales établies par l'homme. Le Bien, le Mal peuvent dans certains cas constituer des notions très floues et chacun possède, avec ces concepts, ses propres arrangements. **Le choc en retour répond à une simple loi de l'Univers, qui veut que toute action entraîne une réaction.** Ainsi, lorsqu'une lettre ne trouve pas son destinataire, le courrier vous revient. Si vous insultez une personne, vous pouvez vous attendre à ce qu'elle vous insulte à son tour, voire qu'elle s'attaque à vous physiquement. Si vous postulez à un poste pour lequel vous n'avez pas les compétences requises, il y a de fortes chances que votre demande n'aboutisse pas. Si vous multipliez les chèques sans provision, vous serez interdit bancaire, etc... Il en va de même dans le cas de l'influence à distance. À cette différence près qu'ici, **vous "jouez" avec des énergies extrêmement puissantes**. Nous parlerons d'énergies relais, qui prennent le relais de la vôtre, la décuplent et la rendent actives. L'influence à distance, lorsqu'il y a un enjeu quelconque, joue le rôle d'accélérateur, mais ne crée pas ex nihilo s'il n'existe pas de "matière" que l'énergie puisse modeler. Supposons que, par simple antipathie ou pour "tester" votre pouvoir, vous cherchiez à détruire la vie d'une personne, dans un domaine ou dans un autre. Vous rompez une loi d'équilibre et devrez en "payer les conséquences".

Dans l'Univers, il n'est pas d'acte gratuit et c'est tant mieux... En revanche, **vous pouvez éloigner un ennemi**, sans pour autant souhaiter sa destruction, ou "**demander justice**" si l'on vous a fait du mal. Autrement dit, c'est le déséquilibre engendré par votre "bourreau" qui lui retombera dessus, et non votre hostilité. De même, ne demandez pas l'impossible, par exemple la séduction d'une femme très amoureuse, ou le retour d'une femme (ou d'un homme) auquel (à laquelle) vous avez rendu la vie infernale. Savoir s'il y a risque ou non de choc en retour ne nécessite pas la consultation de nombreux ouvrages. C'est une simple question de logique et de bon sens, et je ne doute pas un instant que vous n'en ayiez à revendre... Il ne s'agit naturellement pas d'explorer ici les possibilités de l'influence à distance (les lecteurs et lectrices plus spécifiquement intéressés par ce sujet trouveront de nombreuses pistes dans mon ouvrage sur la télépathie, aux mêmes éditions), mais de vous familiariser avec son processus. Il ne vous restera plus ensuite qu'à adapter le rituel à la nature de votre demande.

Développer votre volonté

Sans doute l'avez-vous déjà "musclée" par les exercices des chapitres précédents, pour peu que vous les ayiez pratiqués. Mais **la puissance volitive s'entretient au jour le jour**. Aussi, ne manquez jamais une occasion de l'affermir et de l'affirmer, sans pour autant faire d'autoritarisme, car le premier des pouvoirs est celui que l'on parvient à exercer sur soi-même. Ainsi, apprenez à différer le plus longtemps possible la réalisation de vos désirs, du plus simple au plus complexe… à condition bien entendu que surseoir n'entraîne pas dans votre vie échecs et difficultés, mais c'est peu souvent le cas. Par exemple, entre les diverses factures, vous venez de recevoir une lettre dont vous ignorez l'auteur, et brûlez de le découvrir. Attendez quelques minutes, voire la fin de la journée pour l'ouvrir. Vous venez d'apprendre une nouvelle, ou il vient de vous arriver une chose incroyable que vous rêvez de communiquer au monde entier ? Laissez passer une heure ou deux avant de réaliser ce vœu. Vous venez de faire une merveilleuse rencontre. Vous avez le numéro bien en poche et n'aspirez qu'à une chose : appeler dès que possible. Attendez la fin d'après-midi pour le faire. On vous entraîne dans une discussion animée et vous brûlez d'exposer votre avis. N'en faites rien, écoutez les diverses argumentations. Vous ne serez alors plus celui ou celle qui sollicite la parole, mais celui ou celle dont on attendra qu'il ou qu'elle s'exprime. Faites-le alors avec calme et componction, en pesant bien chaque mot. Tout cela ne bouleversera en rien votre vie sur le plan pratique, **mais renforcera votre discipline mentale,** jusqu'à ce que ce type d'actions soit pour vous devenu monnaie courante. L'obstacle à ce genre d'exercices n'est pas formé par l'acte en lui même, mais par votre état d'esprit. Car pour que ceci revête quelque utilité, il est indispensable que vous conserviez calme et dignité, parvenant à reléguer l'objet de votre désir dans un coin de votre tête et à vous occuper de tout autre chose. Si vous êtes sur des charbons ardents, à tourner comme un lion en cage, en surveillant la pendule, vos "exploits" seront accomplis en vain, **puisque leur objectif est double :**

1 – discipliner votre esprit afin qu'il ne s'égare pas dans tous les sens.
2 – vous créer une sorte d'armure mentale vous mettant d'une part à l'abri de l'influence d'autrui et renforcer ainsi votre puissance psychique, qui sera l'élément déclencheur de l'influence à distance.

Premiers exercices

Ces exercices ne comportant pas véritablement d'enjeu – autrement dit, qu'ils réussissent ou non ne changera rien à votre existence quotidienne, si ce n'est par la connaissance pratique de certains pouvoirs

–, vous n'aurez pas recours à un quelconque support. Il est inutile de prendre sa voiture pour effectuer un cent mètre. Il s'agit juste d'une sorte de reconnaissance du terrain. En revanche, une ritualisation peut s'avérer nécessaire, car elle favorisera amplement votre projection mentale. Vous choisirez trois bougies de couleur orange, que vous placerez en triangle sur votre "autel" – autrement dit une table ordinaire que vous aurez recouvert d'une nappe unie, blanche ou violette –. Pour cela, vous utiliserez trois bougeoirs ou de petites soucoupes blanches. Prévoyez également un encens de votre choix, en bâtonnets ou en poudre, en évitant les encens trop "spécialisés" – c'est-à-dire destinés, par leurs émanations, à favoriser l'émergence de tel ou tel type d'événements. Débranchez le téléphone, éteignez votre portable. Éventuellement, prenez un bain relaxant et revêtez-vous d'une tenue décontractée, avec une préférence pour les tissus naturels. Vos bougies constitueront le seul éclairage de la pièce.

La phrase qu'il (elle) devra prononcer

Vous devez rencontrer un(e) ami(e) ou une connaissance le lendemain. **Vous allez reconstruire une phrase qu'il (elle) va prononcer mot pour mot.** Celle-ci doit répondre à certains critères :

1 – utiliser des mots qui lui sont propres, sans cependant être une expression qu'il répète à tout bout de champ.
2 – ne rien impliquer de grave ou de dangereux.
3 – cependant être légèrement, mais pas totalement, éloigné de ses préoccupations habituelles.
4 – être relativement brève, afin de posséder un impact plus grand. Dès que vous aurez trouvé la phrase réunissant tous ces critères, il ne vous restera plus qu'à vous mettre au travail.

Fixez quelques instants la flamme de vos bougies en respirant lentement et profondément. Puis, fermez les yeux et représentez-vous en pleine discussion avec votre ami(e), ou lui en train de solliloquer, avec la gestuelle - ou la raideur - qui lui est coutumière quand il parle avec vous. L'image est bien nette sur votre écran mental ? Dès que vous vous sentirez prêt(e) vous allez y ajouter le son. **Vous allez "entendre" la voix de votre ami(e) prononcer nettement la phrase que vous avez préalablement choisie.** Renouvelez à plusieurs reprises la combinaison image-son, sans changer une virgule dans votre scénario.

Bien sûr, la tentation sera grande de vous livrer à quelque tricherie. Mais nous ne sommes pas dans un jeu télévisé... aussi, il est inutile - car en ce cas, l'expérience n'aurait aucune valeur - d'orienter votre conversation pour qu'il prononce la phrase choisie par vous. Laissez se dérouler normalement votre rencontre, ne cherchez pas non plus à vous livrer à une nouvelle projection mentale en direct, car vous manquez d'expérience en la matière et votre ami(e) risquerait de remarquer votre manque d'attention à ses propos, ce qui aurait pour résultat immédiat de fermer son esprit. **Quatre éléments pourraient constituer d'éventuelles causes d'échec :**

1 - Votre angoisse d'échouer, qui lance une sorte de contre-ordre. Sans doute avez-vous négligé les conseils antérieurs, les pensant à tort inutiles.
2 - votre manque de concentration lors de votre projection mentale, qui est source d'une émission trop faible pour être perçue. À moins que vous ne soyez en présence d'un esprit rebelle à ce genre d'influence, ayant développé, par d'autres moyens que les vôtres, une carapace mentale à toute épreuve.
3 - une durée d'émission trop brève pour atteindre la personne à laquelle celle-ci était destinée.

2 – plusieurs séances vous sont probablement nécessaires pour parvenir à un résultat efficace. C'est un élément qui peut différer d'une personne à l'autre.

Si la phrase évoquée n'a pas été prononcée par votre ami(e), réexaminez chacun de ces éléments, et voyez quelle est la cause qui vous semble la plus probante dans votre cas. Si vous avez un doute, travaillez sur chacun de ces problèmes. Si vous avez passé avec succès l'épreuve, n'en tirez pas pour autant de conclusions hâtives. Ne jamais exclure la possibilité d'une simple coïncidence. Renouvelez à plusieurs reprises l'expérience, mais en évitant de choisir à chaque fois le même "cobaye". La raison en est fort simple : peu de personnes aiment à être manipulées. Ne pensez pas que votre "intrusion" ne soit pas ressentie, à un niveau profond du subconscient, par votre récepteur involontaire. Il recevra cependant le message, et, bien qu'ayant la désagréable impression que ces mots ne viennent pas de lui, sans pouvoir définir pourquoi, ne pourra s'empêcher de les prononcer. En revanche, plus vos incursions dans sa propre volonté se révéleront fréquentes, plus cette impression, très floue au départ, de présence se précisera. Votre visage peut lui apparaître, mais elle peut demeurer au niveau du subconscient. En ce cas, vous risquez de voir se développer à votre égard une agressivité qu'elle ne comprendra pas elle-même. Cela n'en vaut vraiment pas la peine…

Jouez au petit lutin

Oui, nous entrons bel et bien dans le domaine de l'acte gratuit, pas vraiment méchant mais taquin. L'une de ces actions-tests que nous dénoncions tout à l'heure, mais en l'occurrence nécessaire à vos premiers galops d'essai. Comment expliquer une telle contradiction dans nos propos ? Tout simplement par le fait que vous agissez ici à une échelle très réduite, sans réelles conséquences. Rien à craindre, par conséquent, du fameux "choc en retour" sinon qu'éventuellement, il puisse vous arriver quelque chose de similaire, ce qui ne serait pas vraiment grave.

À l'inverse également de ce que nous venons de voir, vous allez poursuivre l'expérience une semaine durant. Pourquoi ? Simplement parce que votre message s'adresse à une personne dont vous ignorez le degré d'influençabilité comme le niveau de résistance mentale. Si votre image s'impose à elle, il est peu probable en revanche qu'elle fasse le lien de cause à effet avec votre injonction. Vous allez choisir en effet pour ce type d'expériences un collègue de travail dont vous n'êtes pas particulièrement proche – le résultat n'en sera que plus significatif quant au potentiel projectif de votre puissance volitive –, du genre avec qui vous échangez à peine quelques mots par semaine. Avant d'agir, vous l'observerez discrètement quelques jours de suite, **pour bien mémoriser tant son allure physique que sa gestuelle et sa voix**.

Il est temps de passer à l'action. Après avoir ritualisé la pièce dans laquelle vous opérez (pas d'indications précises sur ce point. Agissez selon ce que votre instinct vous dicte, en respectant cependant les règles de base énumérées plus haut), fixez quelques instants la flamme de vos bougies et ne vous concentrez que sur elles, en adoptant une respiration ample et profonde.
La règle du jeu est la suivante : l'individu en question ne retrouve plus un objet (que vous devez définir à l'avance, un crayon, une règle ou autre) et vient vous trouver pour vous demander si vous ne pourriez lui prêter le vôtre. Pendant une semaine, chaque soir (à moins bien entendu que l'événement ne se présente avant), vous allez le visualiser en train de prononcer cette phrase, avec la voix et les mimiques qui lui sont habituelles. Si au terme de ce délai, rien ne se

produit de tel, c'est qu'une révision des leçons antérieures s'impose, où que vous avez affaire à plus forte partie que vous ne l'imaginiez. Dans l'un comme dans l'autre cas, abandonnez provisoirement vos projections sur cette personne.

Expérience en direct

Vous allez maintenant mettre à l'épreuve votre faculté à influencer sur une personne en direct, autrement dit sans passer par la phase préparatoire (ambiance rituelle, calme de votre nid douillet, relaxation…). Tout au plus pourrez vous exercer un survol du corps en version accélérée, sans toutefois fermer les yeux. Votre attitude doit, de l'extérieur, apparaître à peu près normale. Remember l'expérience télépathique dans un restaurant. Vous allez cette fois-ci la pousser jusqu'au bout. Repérez dans la salle une personne qui semble indécise quant au choix du plat qu'elle doit prendre. Mentalement, vous allez émettre une suggestion.

Pour que votre suggestion ne reste pas au pur niveau de la pensée, mais la touche dans son corps, mieux vaudrait que préalablement vous ayez entendu sa voix. Ainsi, vous ajouterez le son à l'image. Entendez distinctement votre "cobaye" dire "finalement, je vais choisir…" et d'énoncer le plat que vous aurez élu sur le menu. Visualisez-le ensuite en train de dévorer ce plat avec gourmandise. Remémorez-vous si possible jusqu'à son goût et associez-le à votre projection. Cet exercice, vous le répéterez dès que l'occasion s'en présentera, chaque fois sur une personne différente. Attention, une réaction négative peut signifier une opération réussie.
Par exemple, si votre récepteur volontaire hésite toujours mais dit à son interlocuteur "en tout cas pas… (le plat que vous avez choisi), j'ai horreur de ça !". Une phrase de cet acabit-là signifiera que si vous vous êtes planté en tant que récepteur – vous avez mal capté les

goûts de votre interlocuteur, mais comme tel n'était pas le but de l'exercice –, en revanche votre émission a été reçue cinq sur cinq.

Une autre expérience passionnante, que vous pouvez pratiquer soit avec un vis-à-vis (ami ou connaissance) soit avec un parfait inconnu dans un lieu public, consiste à glisser un intrus dans la conversation. Dans le premier cas, il s'agira d'un sujet par lequel votre vis à vis se sent concerné, mais qui n'a rien avoir avec celui dont il est en train de vous parler. Dans le second, un sujet d'ordre général : la politique, les rapports homme-femme, l'amour, le sport... Mais là encore en total décalage avec son propos actuel. Formulez mentalement votre phrase et visualisez-le en train de la prononcer. **Deux solutions s'offrent à vous :** soit projeter la phrase "brut de décoffrage", c'est-à-dire telle qu'elle. Soit la faire précéder d'un "ça n'a rien à voir mais... ", d'un "au fait, tu savais que...", voire "je ne sais pas pourquoi je pense à ça mais...". Ca ne marchera pas forcément dès vos premiers essais mais, à terme, vous parviendrez à des résultats intéressants.

Passons maintenant aux choses "sérieuses"

Sans doute certains lecteurs et certaines lectrices, particulièrement impatient(e)s d'en découdre, auront-ils l'impression que les expérimentations proposées plus haut sont d'une certaine manière futiles. Mais qui les aura rejetées en bloc d'un simple haussement d'épaules pour passer de but en blanc à la "vraie" influence à distance et pratiquer les travaux ci-dessous risque fort de voir son chemin parsemé d'écueils et d'ornières.

Qui peut le plus peut le moins, nous affirme le proverbe ; cependant, l'inverse n'est pas vrai. **Sans avoir assimilé les préceptes de la télépathie, comment espérer pratiquer l'influence à distance ?** Si nous ne parvenons pas, sans support, à réaliser des opérations simples, comment penser, même avec support, venir à bout de projections infiniment plus complexes. L'expérience du restaurant n'est pas moins significative. La pratique en direct est un élément tout à fait indispensable à la réussite de vos entreprises. Primo, parce qu'une "occasion en or", tant en affaires qu'en amour ou en sensualité, ne frappe pas toujours les trois coups pour s'annoncer et qu'il faut parfois savoir agir rapidement, faute de quoi vous risquez de vous retrouver gros jean comme devant. En effet, c'est souvent notre capacité à transmettre notre puissance volitive qui fait toute la différence, que celle-ci soit d'ailleurs ou non consciente – bien des personnes "émettent" naturellement sans en avoir le moins du monde conscience d'irrésistibles suggestions –. Secundo, parce que vos travaux auront davantage de force si l'émission à distance peut être complétée par une nouvelle émission face à face. Si vous pensez avoir pu griller les étapes, vous aurez quelques surprises au finish...

Commençons tout d'abord par votre espace rituel - ou si vous préférez, la transformation de votre pièce en un lieu propice à la projection volitive –. Côté nappe, elle sera toujours unie, blanche ou violette, mais devra exclusivement, même après votre série de rituels, être exclusivement destinée à cet usage. L'encensoir est ici indispensable, car les émanations des encens en poudre sont plus puissantes que celles des bâtonnets, de plus leur variété permet une utilisation au plus proche de vos besoins. Renseignez-vous auparavant sur l'encens le plus adéquat à votre demande.
Il ne s'agit plus ici de vous entraîner, mais de "précréer" un événement qui peut changer le cours de votre existence. De même, la couleur des bougies et leur nombre revêtiront une grande importance. **Tout symbole activé par la force-pensée, dans le sens de sa "programmation" initiale devient une énergie en mouvement extrêmement puissante. Le violet** conviendra parfaitement aux

travaux d'ordre spirituel. **Le marron** à tout ce qui touche à la stimulation de l'intellect (par exemple réussite à un examen ou un concours), **le bleu roi** à la protection – tant pour la protection occulte, des enfants ou des animaux entre autres que pour la préservation du capital santé –, **le doré à l'argent,** mais également au rayonnement extérieur, à la considération sociale, **le vert** à la croissance et à l'expansion (d'une affaire ou de sentiments), **le rouge** à l'amour passionnel, la couleur chair à la sensualité, **le bleu azur** à l'amour tendre. Si vous avez un doute quant à la couleur que vous devez utiliser, prenez des bougies blanches.

C'est ce que l'on appelle des "bougies d'appel". Votre esprit fera le reste. Outre qu'il doit être suffisant pour éclairer la pièce où vous vous trouvez, fût-ce de manière diffuse, le nombre de bougies peut varier.

Pour résumer, disons qu'il sera de trois, placées en triangle, pour tout ce qui est lié à la spiritualité. De quatre pour les problèmes d'ordre matériel. De six pour ce qui touche à l'amour et à la sensualité.

De quoi aurez-vous besoin ?

Outre les éléments nécessaires au "décor" vous permettant de "mettre en scène" votre projection volitive, il vous faudra disposer d'un pendule, de quelques feuilles de papier A4, blanches ou d'une couleur correspondant à votre demande (voir plus haut). Vous pouvez, si vous souhaitez renforcer encore l'impact de votre émission, vous munir d'un stylo-plume et de cartouches d'encres de couleur (même remarque que précédemment). Prévoyez également une photo de la personne que vous désirez influencer, généralement un portrait de format moyen, relativement récente – moins de trois mois – et la montrant sous son "meilleur jour" ou (et) un objet lui ayant appartenu.

Indispensable avant de commencer

Ne pensez pas que l'influence à distance soit à traiter à la légère. Ses conséquences sont bien réelles. Aussi, avant de pratiquer, il est nécessaire de mettre au point un certain nombre d'éléments, afin que tout s'assemble parfaitement au moment du rituel proprement dit, mais également de vous poser quelques questions essentielles, faute de quoi vous risqueriez soit d'échouer, soit d'obtenir ce que vous ne désirez pas vraiment et de devoir faire avec bon gré mal gré. Commençons par les éléments, car ce n'est certes pas au dernier moment que vous allez vous mettre à réfléchir sur ce que vous devez visualiser. Donc, une préparation en aval s'avère réellement indispensable.

En premier lieu, ce n'est pas votre désir que vous devez transmettre – votre vœu d'obtenir une promotion ou votre volonté d'accéder à l'amour d'une personne ne convaincra pas nécessairement les individus concernés de vous les accorder... – mais, du moins quand il s'agit d'une personne spécifique et non, comme nous le verrons d'une situation que vous désirez créer, le désir de l'autre envers vous que vous devez éveiller. C'est en fait le même principe que celui de l'horloge inversée, étudié dans le chapitre sur la méditation. Donc, ce n'est pas vous qui voulez une promotion, c'est votre patron qui vous pense le plus adapté pour ce poste. Ce n'est pas vous qui désirez telle personne, mais cette personne qui se met à penser à vous avec concupiscence, etc. **Ce que vous devez projeter, c'est le résultat final, c'est-à-dire l'image qui symbolisera le mieux votre succès.** Encore une fois, la télépathie et son corollaire, l'influence à distance, sont en premier lieu des écoles de l'observation. Avant d'agir, soyez certain de bien mémoriser sa gestuelle, ses intonations. Ce sont eux que vous utiliserez pour que l'influence à distance soit suivie d'effets.

Passons maintenant aux questions. S'il s'agit d'un poste, êtes-vous certain(e) de posséder les compétences nécessaires ? Car, si tel n'était pas le cas, le pire qui puisse vous arriver serait d'obtenir satisfaction pour vous retrouver dans une situation intenable. De même, en amour, assurez-vous qu'on ne ressent pas à votre égard une antipathie fondamentale ou que la personne en question ne soit pas éperdument amoureuse. Si votre vœu se réalisait, vous devriez subir ses remords, ses reproches et une haine farouche. J'ai personnellement connu des cas semblables. La contrainte en la matière n'est jamais très positive. Étes vous d'autre part certain(e) de ne pouvoir obtenir dans de brefs délais ce que vous désirez sans avoir recours à l'influence à distance ? Toute décision nécessite que vous en assumiez toutes les possibles conséquences, même si elles ne correspondent pas à la vision idyllique que vous aviez de la situation. Vivre une histoire d'amour avec une personne dont on se rend compte, en entrant dans la relation, qu'elle n'est absolument pas faite pour vous et que vos caractères ne s'accordent pas bien ensemble peut être par exemple une expérience pénible. Et il est fort difficile de défaire des liens créés de cette manière. Pas impossible, mais extrêmement complexe.

Vous devrez également définir clairement votre volonté et ne pas vous mentir à vous-même. Ainsi, une personne qui refoule ses sentiments et refuse de voir l'amour qui naît projettera son désir... et risque fort de se retrouver à ne vivre que celui-ci, sans implications affectives. Telle autre qui complexe sur ses pulsions sexuelles et projette une histoire d'amour se retrouvera face à une personne dont il se lasse vite, mais qui s'accrochera désespérément à lui. Une autre encore qui, par goût du prestige, cherchera un poste à responsabilités impliquant une immense dépense d'énergie alors qu'au fond de lui, il n'en a nulle envie, se retrouvera prise dans une spirale infernale. En résumé, **il y a de fortes chances que vous obteniez ce que vous**

avez projeté. Aussi, n'envoyez pas un message qui ne corresponde pas vraiment à votre volonté profonde.

Action !

Encens et bougies sont disposés sur la table. Votre espace rituel est installé. Il ne vous reste qu'à agir. Placez sur la table votre témoin photo ou votre objet, si vous possédez l'un ou l'autre. Découpez un morceau dans l'une de vos feuilles de papier. Inscrivez-y, de manière synthétique, à l'infinitif ou au présent de l'indicatif, **comme si la situation était déjà réalisée,** le désir qui fait l'objet de votre opération émissive. Ne griffonnez pas à la hâte et prenez le temps nécessaire à graver cet acte, qui est une première opération en soi, lisiblement, en majuscules d'imprimerie. Si vous utilisez un stylo-plume, placez votre témoin papier face visible vers le haut, au-dessus de votre photographie, afin que l'encre puisse sécher et ne tâche pas l'image. Sinon, la face écrite sera tournée vers la photo. Posez votre pendule à droite de ce dispositif. Asseyez-vous face à votre autel et orientez votre regard vers les flammes de vos bougies, jusqu'à ce que vous vous sentiez en quelque sorte totalement absorbé par leur champ magnétique – un autre signe, qui se manifeste fréquemment, que vous êtes suffisamment "prêt" consiste en un picotement au bout des doigts ou au creux de la paume –. Fermez les yeux et visualisez la situation que vous avez élaborée, d'une manière synthétique et directe, en y ajoutant si possible le son. Ce son interne ne doit pas être celui de votre propre voix, mais celle de la personne que vous désirez influencer. **Repassez-vous plusieurs fois la scène sur votre écran mental,** jusqu'à ce que vous ayiez l'impression – ou peu s'en faut – qu'elle se déroule réellement sous vos yeux, non pas de manière "schizophrénique", mais à la

façon dont, au cinéma, nous vivons réellement le film que nous sommes en train de regarder, et partageons les joies et souffrances de ses protagonistes. Ou alors, c'est que le film est raté...
Ouvrez doucement les yeux et, sans chercher à quitter l'état semi-léthargique dans lequel vous vous trouvez, dirigez-vous vers votre autel à pas lents. Emparez-vous du pendule et, tout en reprojetant brièvement votre scène - disons comme une bande-annonce – faites tourner à plusieurs reprises votre pendule vers la droite au-dessus de vos deux "témoins" (papier et photo). Pour le nombre de girations nécessaires, nous vous reportons à la symbolique des chiffres plus haut (voir ritualisation). Si vous avez un doute, imprimez une forte giration jusqu'à ce que le pendule s'arrête de lui-même.

Et si la demande porte sur une situation ?

Nous l'avons dit, la pratique de l'influence à distance permet également de modifier le tissu événementiel. Les saines interrogations que vous devrez avoir sont strictement du même ordre que celles que nous avons précédemment étudiées. En revanche, pour que votre rituel soit efficace, vous devrez y apporter quelques modifications. En effet, ne portant plus sur une personne précise mais sur une situation, **vous devrez utiliser des témoins et des images en rapport avec celles-ci.** Supposons que vous cherchiez à rencontrer l'âme sœur - ou le cul frère - et que vous vouliez accélérer l'émergence d'une telle rencontre (là encore, vous devrez examiner votre vie, savoir si vous êtes actuellement prêt à vivre une vraie histoire d'amour).

Comment, dès lors avoir recours à un témoin photo, puisque vous ignorez tout de cette personne ? De même si vous voulez connaître une embellie financière et résoudre vos problèmes, travailler sur un de vos défauts, trouver un emploi bien rémunéré... Ne nous affolons pas. Il existe des solutions adaptées. En premier lieu, le témoin graphique, qui s'ajoutera au témoin papier. L'important n'est pas que vous ayiez ou non des dons de dessinateur - mais dans l'un et l'autre cas, vous devrez vous appliquer - mais l'intention, et son intensité, qui guide votre main. Vous utiliserez **une symbolique très simple**, mais de laquelle vous vous sentiez proche. Par exemple, deux cœurs enlacés dont l'un porte votre nom - celui de droite pour les hommes, de gauche pour les femmes - pour les relations amoureuses, le symbole de l'Euro ou du dollar répété un certain nombre de fois, en vous servant éventuellement d'un morceau de papier plus large qu'à l'ordinaire, pour les affaires et l'argent, etc.

Autre recours, **le témoin objet :** le logo de l'entreprise dans lequel vous désirez entrer, une carte postale représentant Cupidon pour l'amour. Des pétales de lys pour le grand amour, d'orchidée pour l'amour sensuel. Coquillages nacrés pour la quête d'une partenaire de jeux érotiques. Symboles phalliques pour qui cherche l'homme. Minéraux en rapport symbolique avec la demande, etc. Les variations possibles sont nombreuses et nous vous demanderons de faire quelque peu fonctionner votre imagination. Les témoins objets seront placés autour des autres, dans certains cas entre les bougies. **Le témoin papier sera toujours au-dessus d'un témoin graphique.** Autre voie : celle des témoins tarologiques. Autrement dit, utiliser en lieu et place du témoin photo une carte du Tarot de Marseille en rapport avec votre projection volitive. Tâche qui a priori nécessite une certaine connaissance des arcanes. Mais nous allons vous donner quelques pistes : Pour un homme désirant dynamiser sa vie sexuelle, le Diable ou le Roi de Bâton ; pour une femme, le Diable ou la Reine de Bâton ; pour casser une situation qui vous pèse : l'As d'Épée ; pour rencontrer l'amour, l'As de Coupe ; pour les problèmes matériels : l'As de Deniers ; pour valoriser vos compétences, le Bateleur ; pour grimper dans l'échelle sociale, l'Empereur.

Comment rédiger votre témoin-mot

Votre témoin-mot devra toujours être rédigé sur le mode affirmatif et direct. Par exemple "je vis une relation riche et épanouissante" ou, plus simplement "relation riche et épanouissante". Ou pour les affaires "Emploi bien rémunéré" "Croissance et prospérité" etc. Les deux impératifs sont que l'injonction soit brève, d'une part, de l'autre qu'elle ne soit pas au conditionnel, que vous la formuliez comme s'il s'agissait d'un fait établi et non d'une vérité potentielle.

Que visualiser au juste ?

La visualisation peut vous poser problème. **Comment mettre en images ce dont on ignore tout.** Tout simplement en utilisant des détours. Un objet signifiant votre changement de statut. Par exemple une nouvelle voiture dans lequel vous prenez place, ou quelque chose que vous vous étiez toujours refusé faute de l'argent nécessaire et que vous vous voyez accomplir, une dette en souffrance que vous réglez rubis sur l'ongle etc. Autre possibilité (qu'il s'agisse d'une rencontre amoureuse ou d'un nouvel emploi) : visualisez-vous – et entendez-vous – raconter la nouvelle, par téléphone ou de visu à votre meilleur(e) ami(e). Imaginez ses réactions. Voyez-les et entendez-les. Pour l'amélioration financière, votre banquier(ère) peut constituer un excellent support de projection volitive. Créez mentalement la situation suivante : il (elle) vous propose des placements, au vu des sommes importantes récemment rentrées sur votre compte. Vous êtes actuellement en découvert ? L'image n'en aura que davantage d'impact. Pour la sensualité, si vous avez su développer ce domaine (voir chapitre télépathie), utilisez les sensations tactiles. Imaginez le contact de mains sur votre peau, vous caressant, exerçant de ci de là des pressions en divers endroits de votre corps, y compris les plus intimes. Parce qu'une personne qui sait vous caresser est quelqu'un qui vous désire, et que ce n'est pas votre désir d'un (e) autre que vous devez projeter, mais celui qu'on a de vous. Une fois que vous aurez mis au point ces éléments, le processus du rituel demeurera identique à celui observé pour la projection volitive sur une personne spécifique.

Chapitre V

Magnétisme

Il existe, dans le magnétisme, comme dans nombre de disciplines ésotériques ou autres, deux écoles, deux tendances qui s'opposent entre elles : celle du magnétisme spirituel et celle du magnétisme animal. Pour les premiers, le magnétisme est un don qui nous vient du Créateur, c'est à travers lui que nous guérissons – le credo des saints thaumaturges –, et, par voie de conséquence, pour guérir ou pour le moins soulager, l'élévation spirituelle par le biais de la prière s'impose.

Pour les seconds, le magnétisme est un don que nous possédons tous, et qui peu être développé en assimilant certaines techniques. J'avoue, quant à moi, être en porte à faux avec ces deux écoles. Sans les excès de la première, il faut avouer que l'idée de base demeure extrêmement séduisante et que, comme nous le verrons, elle peut trouver des applications pratiques. Quant à la seconde, elle me paraît d'une sécheresse stoïcienne, à l'instar de ces matérialistes acharnés pour qui l'être humain se résume uniquement à des échanges chimiques. Cependant, force est de reconnaître que les deux voies permettent d'obtenir des résultats proprement stupéfiants. Résumons notre pensée : sans l'amour des autres, sans la compassion réelle et le désir de guérir, de soulager la douleur, vertus que les croyants disent inspirées par Dieu, les techniques propres au magnétisme demeureraient la plupart du temps inopérantes. Cela ne nécessite pas nécessairement le recours à des livres de prières, la plus belle de toutes les prières étant sans doute celle qui vient du cœur. Mais sans ces techniques, les énergies seraient mal canalisées et nous en subirions les conséquences. Une séance de magnétisme ne saurait en aucun cas, précisons-le d'office, se substituer purement et simplement à un traitement médical approprié, mais seconde efficacement celui-ci et permet parfois d'alléger le fardeau de la douleur lorsque nous nous trouvons dans l'urgence, ce qui est déjà énorme en soi.

Les conditions physiques indispensables

À en croire certains spécialistes de la question, il faudrait pratiquement être un saint pour pratiquer le magnétisme. Ne pas boire, ne pas fumer, être végétarien, accomplir un jeûne de trois jours avant chaque séance, etc. Nous nous trouvons en fait dans un cas de figure typique : celui de règles édictées mais souvent pratiquées de manière assez souple qui se transforment en véritables superstitions, parce qu'on en a oublié l'origine. Il est clair qu'une trop forte dépendance au tabac et à l'alcool peut engendrer, d'une part des problèmes de santé chez l'opérateur, ce qui présente un risque pour lui comme pour son "patient" (voir plus loin) ; d'autre part, s'il peine à se passer de ses drogues pendant la durée de la séance, son manque de concentration pourrait se traduire par une absence de résultats. Ce n'est pas non plus une raison pour pratiquer l'intégrisme dans l'autre sens. Ceci dit, j'ai connu une véritable "éponge" qui en magnétisme faisait des miracles. Certes pas un exemple à suivre, mais une sorte de preuve a contrario…

Le végétarisme, quant à lui, est une affaire de conviction et de choix personnel. En dépit des apparences, il ne s'agit pas, à la base d'un quelconque critère éthique, moral ou religieux, mais d'un conseil appliqué avec souplesse pour des raisons purement pratiques. En effet, outre que les protéines animales ne sont pas forcément d'une assimilation aisée par notre organisme, l'ingestion de viande développe dans le corps un certain nombre de toxines, ce qui, en grande quantité, peut amener des troubles intestinaux et une tendance à la somnolence.

Une mise en garde moins pressante que jadis, où l'on mangeait la viande "faisandée", mais qui n'en demeure pas moins vraie. Évitez notamment les plats en sauce et l'abus d'aliments carnés, qui rendraient votre "mise en route plus difficile. L'histoire du jeûne, quant à elle, est plus obscure. Sans doute est-elle un héritage du magnétisme spirituel, lié à la purification, à la mortification et à tout ce qui favorise, dit-on, la fusion avec le divin… Ou plus probablement du chamanisme, où la maladie est considérée comme une "confiscation" de l'âme par des esprits. Le chaman va donc rechercher celle-ci et doit, pour cela, entrer en transe mystique, pratique à laquelle effectivement, le jeûne peut le préparer. Quoi qu'il en soit, et au risque de nous fâcher avec quelques puristes, nous ne craignons pas d'affirmer que non seulement le jeûne avant une séance de magnétisme n'est pas seulement ridicule, mais qu'il peut également s'avérer dangereux. En effet, **vous aurez besoin de toute votre énergie physique et mentale pour pratiquer,** ce qui ne serait sans doute pas le cas en vous trouvant dans un état "flottant". De plus, vous devez jouir d'une force mentale suffisante pour ne pas éprouver physiquement la douleur de la personne que vous soigner. Croyez-moi, ce genre de transfert n'est pas spécifiquement réjouissant. C'est une aventure qui arrive au moins une fois à tout magnétiseur débutant. Mais à moins d'un masochisme aigu, je peux vous assurer qu'on ne l'y reprend généralement plus !

C'est en associant étroitement votre puissance volitive et vos dons de magnétisme (car chacun de nous en possède. Simplement, certains ont su le développer davantage que d'autres) que vous obtiendrez les résultats les plus flagrants. Dans votre émission, **la gestuelle constituera un élément extrêmement important** et c'est ce que nous allons étudier en premier lieu, car vous devrez les répéter de manière méthodique afin que, lors d'une situation réelle, ils vous viennent naturellement, spontanément, sans que vous vous demandiez "quel geste je dois effectuer là déjà ?", ce qui aurait pour effet de rompre votre concentration et de rendre votre émission moins efficace.

L'imposition des mains

Le grand classique du magnétisme, c'est bien évidemment l'imposition des mains. Très simple en apparence, elle est pourtant généralement pratiquée en dépit du bon sens par des apprentis sorciers. Mais elle possède un grand mérite : celui de n'attirer que très moyennement l'attention.

On trouvera "normal" qu'une mère par exemple place sa main sur le front de son enfant qui a de la fièvre, ou sur son ventre si c'est ce dont il souffre. De même qu'une personne se portant au secours d'un(e) ami(e) en agissant ainsi ne paraîtra pas suspect. Et mieux vaut ne pas dévoiler tout de suite vos batteries. **Le secret, c'est de toujours respecter une polarité main droite, main gauche.** Autrement dit, si la main droite se trouve sur l'avant, la gauche prendra place à l'arrière. Si elle est sur le côté droit, la gauche sera située à l'inverse. **La droite est émissive, la gauche réceptive.** On utilisera donc la droite pour transmettre une énergie, la gauche pour absorber le mal. Si la droite est à la verticale, la gauche sera à l'horizontale, et vice versa. La droite sera posée sur l'emplacement de la douleur, de manière légère et non pesante.

Deux détails très importants : en premier lieu, après chaque séance, même courte, secouez vos deux mains vers le sol, vivement mais discrètement si vous vous trouvez dans un lieu public, puis allez vous les laver en frottant avec vigueur après les avoir savonnées. Le but de cette double opération est de vous dégager de l'énergie négative que vous aurez ainsi absorbée. Superstition ? N'en soyez pas si sûr(e) ! Si, depuis des siècles (voire même bien davantage) cette pratique est demeurée ne variateur, il y a certainement des raisons, et il est inutile de se croire plus malins que des praticiens éclairés. Cette opération peut même être répétée (du moins la secousse des doigts vers le sol) à plusieurs reprises à intervalles plus ou moins réguliers. En second lieu, tout ce que vous avez étudié antérieurement à travers cet ouvrage vous sera utile. Vous allez en effet soutenir votre action, en visualisant d'une part l'individu sur lequel vous opérez soulagé, apaisé. En utilisant surtout un **mot-clé**, que vous répéterez mentalement et avec intensité. "Guérir" "Paix" "Lumière" "Force" "Énergie" peuvent être des exemples de mots-clés qui ont fait leurs preuves. Il doit être nécessairement très bref et être en rapport avec votre pratique magnétique. Certain(e)s se demanderont si, chez les gauchers, la polarité est inversée. Certains auteurs l'affirment mais je n'ai pu, pour ma part, constater rien de semblable. Nous verrons plus loin comment exercer en direct.

Les passes latérales et longitudinales

Dans certains cas, l'imposition des mains se révèle totalement impossible, notamment lorsque la moindre pression, même minime, sur l'emplacement de la douleur est à deux doigts d'arracher des cris à la personne souffrante.

En ce cas, il est évident qu'il faudra avoir recours à une consultation médicale, voire même procéder à une radiographie. Mais dans un

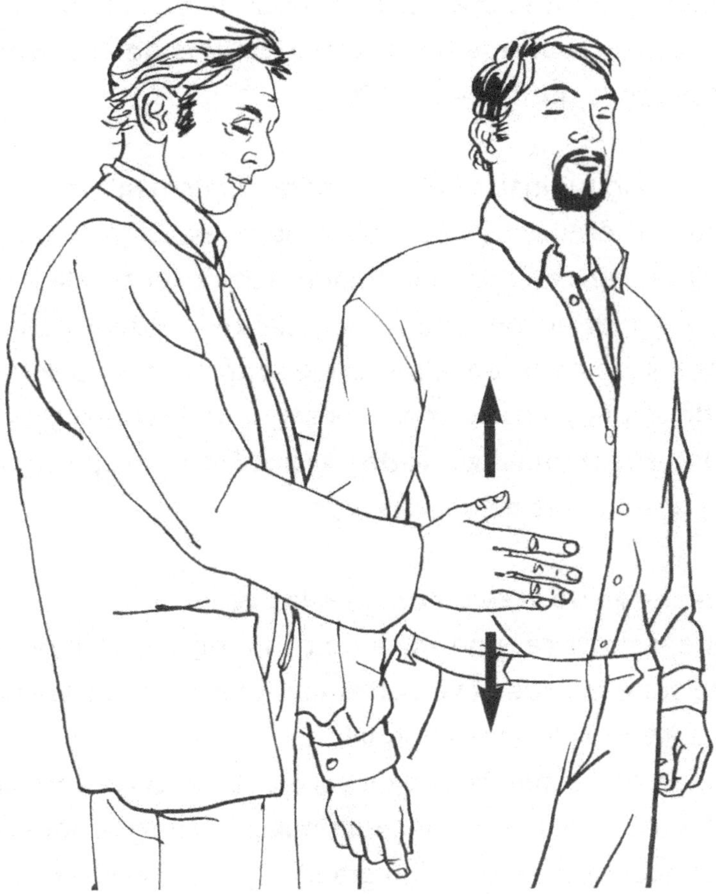

premier temps, il vous est possible d'apaiser quelque peu cette souffrance. Les passes ont l'avantage de ne pas mettre vos mains en contact direct avec le corps de l'autre, mais il est évident :

1 – que ce genre de pratiques, si elle s'exerce dans un lieu public, vous fera passer pour une sorte de sorcier ou de guru. En bref, votre anonymat est grillé.

2 – qu'elles impliquent, pour être pratiquées sur autrui, une certaine confiance en votre capacité à magnétiser - mais vos travaux sur l'influence à distance et la télépathie vous ont déjà montré à quel point l'esprit pouvait agir sur le corps, positivement ou négativement – ainsi qu'une maîtrise gestuelle permettant de

rapides fondus enchaînés. C'est pourquoi, nous nous répétons, **il est impératif que vous "répétiez" vos gestes avant d'entreprendre quoi que ce soit.**

Les passes longitudinales s'effectuent généralement de haut en bas. Elles peuvent être effectuées soit à deux mains, soit d'une seule. Dans le premier cas, vos deux mains seront en parallèle. Dans le second, observez encore une fois la polarité. Vos deux paumes sont tournées vers le corps de la personne souffrante, à quelques centimètres de celui-ci, sans avoir par conséquent de contacts physiques directs. **Effectuez une dizaine de passes.** Entre chacun de vos mouvements, secouez les doigts vers le sol.

En fait la durée de la séance sera relative à :

1 - votre instinct car une sorte de connexion va s'établir entre la personne malade et vous, d'autant plus forte si elle appartient déjà à votre cercle relationnel.

2 - à un éventuel mieux-être de celle-ci. Là encore, la visualisation et les mots-clés, sensiblement similaires à ce que nous avons vu plus haut, vous seront d'un grand secours et renforceront votre action magnétique. Si toutefois, vous éprouviez quelques difficultés à gérer ces trois éléments en simultané, supprimez la visualisation ou les mots-clés.

Les passes latérales, c'est-à-dire sur le côté, de droite à gauche et de gauche à droite, sont relativement peu utilisées et ne servent que pour certains cas très particuliers, qui sortiraient quelque peu du cadre que nous nous sommes imposés, celui d'une initiation aux techniques de base.

Certaines impositions peuvent également être pratiquées à distance, la paume à la verticale immobilisée au niveau de l'organe., à quelques centimètres de celui-ci. N'hésitez pas à poser des questions, sur le ressenti de la personne, par exemple si elle ressent une chaleur à ce niveau.

La "magie" du souffle

Le souffle, dans bien des mythologies, est ce qui donne la vie et par quoi bien des éléments de notre monde furent créés. Il revêt une importance vitale sur le plan symbolique et, comme nous l'avons signalé plus haut, à un certain niveau de réalité, le symbole peut devenir une énergie extrêmement active.
On objectera sans doute que le magnétisme n'a rien à voir avec la magie. La séparation arbitraire entre "sciences occultes acceptables, ou du moins tolérables" et "sciences occultes sentant le soufre" est relativement récente. Elle date de quelques siècles à peine, c'est-à-dire fort peu en terme d'histoire. Dans l'Antiquité, Haute Magie, Voyance, Magnétisme, Spiritisme découlaient d'une même source, puisque toutes concernaient, à un niveau ou un autre, la manipulation judicieuse des énergies subtiles à l'œuvre dans l'Univers.

La pratique du souffle n'est pas requise par tous les magnétiseurs, mais dans bien des cas, elle produit des résultats surprenants. Le principe est simple : **l'aspiration tend à absorber le mal, l'expiration à insuffler de l'énergie.** Cette technique s'opère généralement face à face. **Le souffle expirant doit être tout à la fois léger et puissant.** Là encore, entraînez-vous jusqu'à ce que vous estimiez avoir atteint le niveau idéal. Vous l'accompagnerez du mot-clé "Énergie". Le souffle aspirant, en revanche, doit être fort et peut provoquer un bruit de succion. N'enchaînez pas un souffle régénérateur après un souffle d'aspiration. Entre les deux, soufflez soufflez violemment vers le sol ; c'est le même type d'action que celui qui consiste à

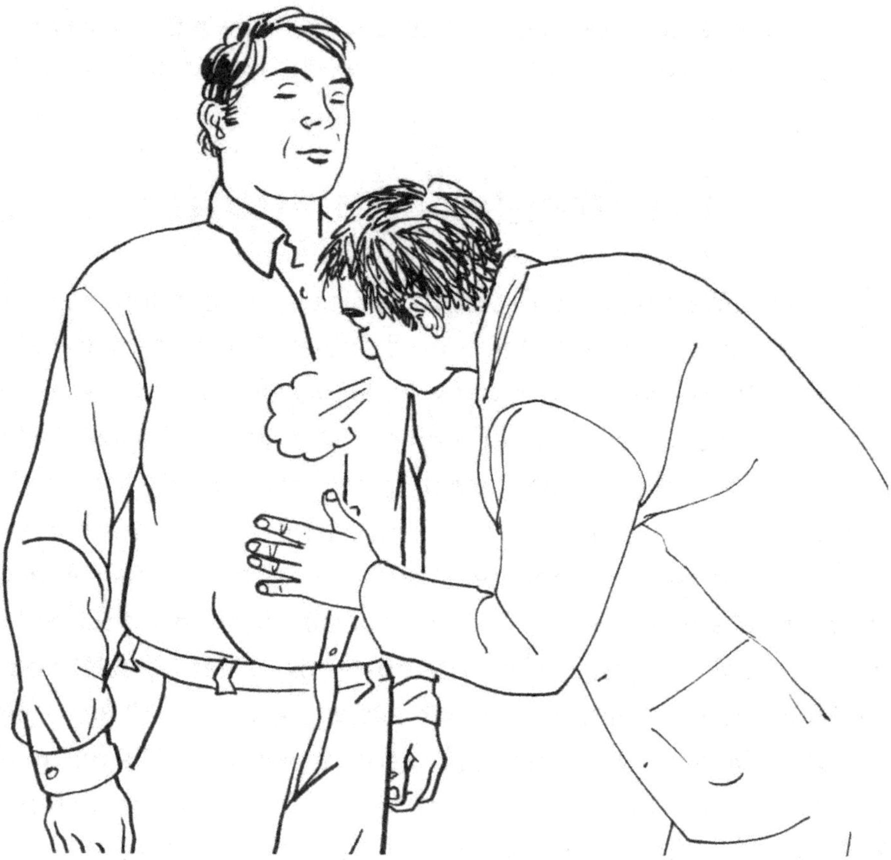

secouer vos mains. Faute de cette précaution, vous risqueriez de prendre littéralement en vous le mal, ce qui peut se traduire par des problèmes physiologiques.

Ces pratiques gagneront en efficacité si elles sont pratiquées simultanément avec les passes magnétiques. Surtout, ne vous prenez pas pour un guérisseur. Dites vous que vous êtes un starter, qui donne ce soupçon d'énergie grâce auquel la personne parvient à entamer son processus d'autorégénération. Cependant, votre action ne doit pas remplacer celle d'un médecin, mais compléter ou précéder l'intervention de celui-ci.

Testez votre magnétisme sur vous-mêmes

La première personne sur laquelle vous allez tester l'ampleur de vos dons magnétiques n'est autre que vous-même. Pour cette première expérience, vous allez installer une légère ambiance rituelle. Pas de bougies, mais une lumière douce. Éventuellement un peu d'encens.

Placez votre main droite à quelques centimètres au-dessus de votre main gauche, paumes tournées l'une vers l'autre.

Concentrez-vous sur l'énergie qui émane des doigts de la main du dessus, jusqu'à ce que vous ressentiez une chaleur au creux de la main gauche, signe que votre "fluide" est bien passé. L'intensité de la chaleur – jamais douloureuse, rassurez-vous – définira, d'une part votre degré de concentration, de l'autre votre évolution dans la pratique du magnétisme. Poursuivez cette expérience deux semaines durant, à raison de dix minutes par jour. **Elle aura pour effet d'accroître vos capacités magnétiques.** Lorsque vous vous trouvez affligé de maux bénins – migraine, mauvaise digestion, constipation –, au lieu de vous tourner d'office vers l'armoire à pharmacie, vous allez solliciter votre capacité d'autorégénération. Autrement dit, après avoir opéré de la manière que nous venons d'examiner, vous allez poser à plat la paume de votre main droite sur la partie de votre corps qui est source de douleur. **Pensez intensément à l'énergie que vous mobilisez ainsi pour votre potentiel santé.** Si cela vous aide, visualisez des rayons de lumière dorée qui sortent du bout de vos doigts. Ressentez-vous un mieux être ? Ne négligez pas de secouer vos doigts vers le sol pour dégager les vibrations négatives dont vous êtes "imprégné". Ici, il n'est évidemment pas, pour des raisons évidentes – dont les premières sont essentiellement d'ordre pratique… Magnétisme et contorsionniste ne vont pas toujours de pair ! – de polarité. Cependant, ce simple geste peut s'avérer d'une importance capitale. Ce qui n'empêche nullement, si les douleurs sont récurrentes, de consulter un médecin. Le but du magnétisme, en commençant par l'auto-magnétisme, est le plus souvent davantage d'apporter un soulagement immédiat ou de contribuer à notre processus d'auto-guérison que de guérir au sens thérapeutique du terme. Mais dans un monde où la douleur physique n'est pas toujours prise en compte, c'est déjà un énorme pas en avant.

L'expérience de la main verte

Une autre façon de tester et d'accroître votre magnétisme est d'acquérir la maîtrise de cette fameuse "main verte" dont parlent moults jardiniers. Si certain(e)s la développent d'instinct, sachez toutefois qu'éveiller ce don n'est pas uniquement à portée de quelques rares élu(e)s.

En vérité, la main verte peut être considérée comme se trouvant à mi-chemin entre la télépathie et le magnétisme. Si elles ne "pensent" pas au sens généralement accordé à ce terme, les plantes possèdent néanmoins une sensibilité avérée par de nombreux tests, sont sensibles aux vibrations de la voix comme aux intentions de la personne qui les soigne, peuvent éprouver des répulsions, transmettre et recevoir des informations. C'est en ce sens que l'on peut évoquer la télépathie. Au même titre que les animaux, l'énergie du corps humain est perçue par elle et peut quelquefois faire toute la différence entre un végétal sain et tel autre qui dépérit. C'est cette expérience que vous allez tenter.

Disposez deux plantes en pot à quelque distance l'une de l'autre. Il doit bien évidemment s'agir de deux végétaux identiques, faute de quoi les résultats de l'expérience seraient faussés. Pendant deux semaines, vous allez leur prodiguer, à l'une comme à l'autre, les mêmes soins. Même quantité d'eau, de lumière, même qualité de terreau, etc. **La seule différence notable est que sur l'une de ces plantes, vous allez exercer vos capacités magnétiques.** Mettons la plante de gauche, pour faciliter notre description. Chaque jour, en respectant la polarité, au moment de l'arrosage, vous passerez la main droite, paume tournée vers le végétal, de haut en bas, des feuilles aux racines, en soufflant légèrement ainsi que nous l'avons vu plus haut. Pendant cette opération, vous répéterez mentalement (ou à voix basse) ces mots clés : **Lumière, Croissance, Énergie**. Sur un cahier, vous noterez, au fur et à mesure l'évolution des deux plantes dans leur épanouissement. Celle de gauche semble-t-elle davantage prospérer que celle de droite ? Cette dernière vous paraît-elle dépérir ? Ou au contraire est-ce celle de droite qui grandit plus rapidement que sa consœur ? Celle de gauche vous apparaît-elle alors comme brûlée ? Au bout de deux semaines, vous pourrez réaliser une sorte de "diagnostic". Si la croissance des deux plantes est sensiblement identique, c'est que vos dons magnétiques ne se seront pas manifestés. Il n'y a là rien de dramatique; simplement vous gagneriez à réviser sérieusement les leçons antérieures, y compris celles qui concernent la télépathie. Si la plante de droite a crû davantage que celle qui est le sujet de votre expérience, c'est probablement parce que votre état de santé est moins bon que vous ne le pensez, et vous auriez tout intérêt à faire un bilan médical. Le végétal a capté votre mal être physique ou mental et sa croissance s'en est ressentie. Si la plante-témoin semble s'être ratatinée sur elle-même et vous apparaît comme "brûlée", deux possibilités se présentent : la première est celle que nous venons d'étudier, la seconde est que vous canalisez encore mal votre magnétisme et que vous avez envoyé à votre plante une dose trop forte. Vous gagneriez à pratiquer davantage de sport, ce qui aurait pour effet de mieux contrôler votre abondante énergie.

En public

Ne ratez jamais l'occasion de mettre en œuvre vos capacités magnétiques, quel que soit le résultat final. Dans le pire des cas, votre action sera inefficace. Mais dans le meilleur, elle peut apporter un soulagement rapide à la douleur de vos contemporains. Une fête entre amis, par exemple, vous procurera de multiples ouvertures. Il est rare qu'on n'y croise pas, en fin de soirée, une personne ayant trop bu et souffrant de maux d'estomac ou de migraine, entre autres. Vous pourrez alors vous proposer de l'aider, tout en demeurant discret dans vos "manipulations".

Un conseil : n'abusez pas vous-même des boissons alcoolisées, afin d'être "up to date" au moment d'agir. Naturellement, si vous pratiquez beaucoup avec des résultats spectaculaires, cela finira par se savoir, mais il n'est de choses dans la vie qui ne comportent leur part de risque.

Conseil numéro deux : évitez de vous exercer sur une personne sur laquelle vous avez des "vues". Certes, dans l'idéal, on pourrait affirmer que le sentiment ou le désir naissant peuvent faciliter l'opération. Dans les faits, votre trouble, votre pensée concentrée sur un tout autre sujet, peut devenir des causes importantes d'échec.

CHAPITRE VI

Intuition

Si l'intuition se différencie de la voyance, c'est essentiellement en raison de la quasi-simultanéité qu'elle implique. En effet, si la voyance permet d'avoir une vision d'événements tendant à se manifester à court, moyen ou long terme, l'intuition permet de déjouer ou d'anticiper ce qui se passe dans les quelques minutes qui suivent.

Le rôle de l'intuition est de nous servir de guide permanent, d'apprendre à appréhender la chance lorsqu'elle se présente, même lorsque les circonstances extérieures ne semblent pas se présenter sous un jour favorable, à éviter des rencontres que l'on ne désire pas, à saisir ce qui est en l'air du temps et tant d'autres choses qui faciliteront votre vie quotidienne. À ce stade de notre ouvrage, si vous avez pratiqué tous les exercices proposés, votre intuition devrait s'être accrue dans de considérables proportions. Dans certains cas, l'intuition possède avec la télépathie plus d'un point de convergence. De même, les méditations préparatoires ouvriront votre esprit à ce genre de manifestations. Cependant pour les distrait(e)s, nous avons élaboré quelques exercices complémentaires, qui leur permettront de développer encore leur don initial.

Dans la rue

Il vous est probablement souvent arrivé, dans la rue ou dans les couloirs du métro, qu'un individu semble enchaîner votre pas sur le vôtre et que vous ayiez l'impression désagréable qu'il vous suit, alors qu'il ne fait que suivre un trajet similaire au vôtre.

À présent, vous allez utiliser ce type de coïncidences pour tester et accroître votre intuition. La personne qui se trouve derrière vous est-elle un homme ou une femme ? A-t-elle les cheveux longs, courts, mi-longs ? Quel type de coiffure ? Est-elle blonde, brune, rousse, châtain ? Est-elle grande ou petite ? Ses yeux sont-ils bleus, marrons, verts... ? Nous vous livrons ici un éventail de questions. Cela ne signifie pas nécessairement que vous deviez répondre à toutes dès vos premiers essais. Contentez-vous, à vos commencements, de deux ou trois critères. Ce n'est qu'au fur et à mesure de vos résultats, que vous complexifierez progressivement la donne. Lorsque vous penserez savoir, retournez-vous discrètement, comme quelqu'un qui s'aperçoit qu'il s'est trompé de chemin et observez cette personne sans ostentation. Les travaux précédents (notamment sur la mémoire visuelle) devraient vous permettre de la "cerner" en un rapide coup d'œil. Les informations que vous avez perçues se sont-elles révélées exactes ? Renouvelez plusieurs fois cet exercice au cours de la journée. **Au bout d'une à deux semaines, vous réaliserez que, quel que soit le nombre de critères retenus, vous tombez juste à chaque fois.**

C'est en effet par un travail constant, et surtout au travers de la répétition, que vous parviendrez à faire de votre intuition un véritable outil de connaissance.

Expériences radiophoniques

Vous écoutez régulièrement telle ou telle radio. Vous connaissez donc particulièrement leur type de programmation ainsi que les tubes qu'elle diffuse – par définition de manière régulière. Le jeu va donc consister, après avoir observé un minimum de concentration et fait le vide dans votre esprit, **à tenter de définir quelle chanson va passer au moment où vous allumerez votre poste**. Afin d'être certain(e) de ne pas vous livrer à une quelconque construction intellectuelle, vous entendrez la chanson défiler dans votre tête. À présent, allumez la radio. L'air que vous aviez entendu est-il celui qui est en train de passer ? Il est possible que vous trouviez une réponse proche, par exemple si l'on diffuse une chanson du chanteur envisagé, mais que ce n'est pas celle que vous "aviez en tête". En ce cas, vous pourrez le considérer comme une première approche, qui devra être perfectionnée par la suite. En pratiquant régulièrement ce type d'opérations, vous acquierez un nombre croissant de résultats probants, signe de votre évolution en ce domaine.

Une technique qui tend également à développer l'intuition consiste en une lecture aléatoire des programmes radio. Fermez les yeux et visualisez vous tournant le bouton un nombre de fois que vous aurez défini à l'avance. Pour vous aider dans cette visualisation, vous pouvez l'accompagner d'un mouvement tournant du poignet. Quel type de musique entendez-vous ? Même si vous ne percevez pas distinctement le son lors de votre projection mentale, vous devez pouvoir en définir le genre (jazz, rock, variété, musique orientale, salsa, house etc). À présent, dirigez-vous vers le poste et tournez le bouton autant de fois que vous l'avez fait mentalement. Le type de musique sortant du poste correspond-t-il à votre claire audience ? N'espérez que ce type d'expériences vous donne des résultats immédiats. Cependant, si vous persévérez, vous améliorerez régulièrement vos performances, et par là même développerez considérablement **vos facultés intuitives**.

Chapitre VII

Voyance

Tout ce que vous avez étudié précédemment, au cours de cet ouvrage, vous a ouvert une voie royale vers la voyance, au carrefour de nombre des disciplines que nous avons passées en revue au fil des pages. Il ne reste en réalité, pour accomplir des prédictions sans faille, qu'à maîtriser les instruments à travers lesquels celle-ci s'exerce. Quelques exercices vous en offrent la possibilité.

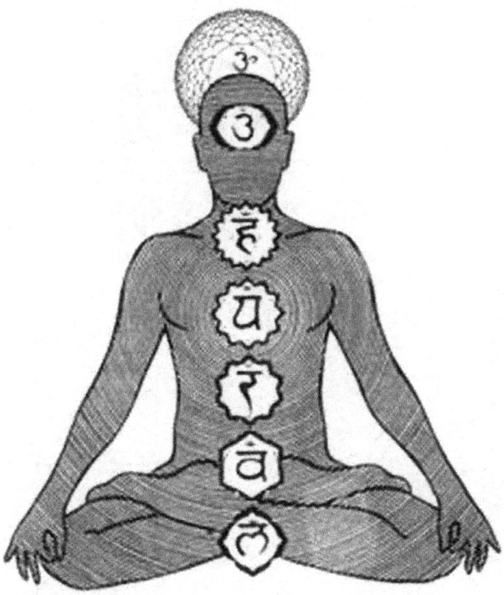

Maîtriser les images de la boule de cristal

La boule de cristal demeure l'un des plus fascinants outils de voyance qui soient. Cependant, capter à travers elle des images nettes et précises est loin de représenter une évidence. Associer visualisation et boule de cristal vous sera d'un grand secours lorsque vous pratiquerez en vrai.

Ritualisez la pièce dans laquelle vous opérez. La ritualisation crée un climat propice aux activités parapsychologiques et demeure un authentique tremplin pour vos pouvoirs secrets. Bougies, encens et changement de décor stimulent votre imagination créatrice. Parmi les personnes que vous connaissez, amis ou relations, isolez-en mentalement une en particulier. **C'est son image que vous allez projeter dans la boule de cristal.** Fermez les yeux et représentez-vous la sur votre écran mental. Puis fixez le cristal et tentez de reproduire le visage obtenu.

Prévoyez environ un quart d'heure. Si passé ce délai, vous n'y êtes pas parvenu, sans pour autant vous décourager, interrompez l'exercice, pour le reprendre le lendemain. Ce n'est encore une fois qu'avec la répétition, programmant votre esprit sur un seul objectif, que vous parviendrez à des résultats concrets. Lorsque vous y serez parvenu, compliquez l'opération, que vous ferez encore une fois précéder d'une représentation sur votre écran mental. Il s'agira désormais de visualiser la même personne, mais en mouvement, dans une action que vous aurez préalablement définie. Il vous faudra probablement du temps avant de réussir l'opération. Quoi qu'il en soit, soyez tenace. Quand vous serez parvenu à une telle maîtrise, recommencez les deux opérations, mais cette fois-ci sans le support de la ritualisation. Au terme de vos opérations, vous aurez préparé le terrain à des voyances hors normes.

Jouer avec les symboles du Tarot de Marseille

Si vous possédez un Tarot de Marseille, ou si vous désirez en acquérir un, un petit jeu va vous permettre d'assimiler facilement ses symboles et de les intégrer en vous.

Observez longuement chacun des arcanes majeurs, puis isolez-en un avec lequel vous vous sentez plus particulièrement en affinités. Couleurs, image et ce qu'elle représente. Ce qu'il vous faut fixer dans votre mémoire, ce n'est pas nécessairement l'ensemble des détails qui composent la carte, mais son personnage principal, l'ambiance qui se dégage de l'arcane, sa tonalité générale. À présent, fermez les yeux et projetez ce que vous en avez capté sur votre écran mental, non plus comme un morceau de carton inerte, mais comme un ensemble en mouvement. Laissez le personnage vivre sa vie et se mouvoir à sa guise. Que fait-il ? Où va-t-il ? Quels actes accomplit-il ?

Si vous vous êtes familiarisé avec les techniques précédentes, cette opération ne devrait pas vous poser de problèmes techniques particuliers. Poursuivez cet exercice pendant une semaine, puis passez à une autre carte pendant une autre semaine. Vous pouvez prolonger l'exercice jusqu'à avoir ainsi imaginé en mouvement chacun des arcanes majeurs. Mais là n'est pas le propos. **L'essentiel est que vous ayiez engrangé un processus dans votre esprit permettant de faire vivre les cartes, et de les projeter au-delà de leur sens apparent,** ce qui vous sera des plus utiles au moment d'une consultation.

Réinventer la vie des gens

Ceci est un exercice que vous pouvez pratiquer au quotidien. Il vous apprend à vous plonger dans la mémoire universelle, autrement dit à ne plus dépendre de vos seuls et uniques concepts, **mais d'arriver à percevoir à travers les yeux d'autrui**. Relativement simple d'apparence, il vous apportera pourtant, dans le domaine de la voyance, un immense bénéfice. Vous voyez une personne dans la rue, dans les transports en commun. Scrutez-la plus attentivement. Comment se tient-elle ? Quels habits porte-t-elle ? Quel est son âge ? Son apparence physique ? À partir de ces éléments, imaginez chaque détail de sa vie. Où va-t-elle ? Rejoint-elle quelqu'un ? Vient-elle de se faire plaquer ? Dans quelle branche socioprofessionnelle travaille-t-elle, etc. Continuez ainsi jusqu'à ce que les détails s'enchaînent d'eux-mêmes. Vous poursuivrez cet exercice huit jours de suite, avec des personnes différentes. Vous pouvez l'accomplir à plusieurs reprises, en toute discrétion, au cours d'une même journée. L'essentiel ici n'est pas que vous tombiez juste ou non, car vous n'aurez, a priori, aucun moyen de le vérifier dans l'immédiat.

Le but de cette technique est de :

1 – vous apprendre à regarder les autres.

2 – parvenir à vous projeter dans un mode de pensée, de vie, qui n'est pas le vôtre. Ces deux notions sont essentielles si vous désirez exercer la voyance sur autrui. De plus, vous développerez de cette manière vos dons. Vous le réaliserez lorsque sur telle ou telle personne, vous sentirez que votre construction mentale vous échappe et que vous n'en maîtrisez plus les éléments.

Autrement dit quand les images, ou les réponses quant à la situation de cet individu lambda sembleront s'imposer malgré vous.

CHAPITRE VIII

Médiumnité

Souvent confondue avec la voyance, la médiumnité en diffère cependant par bien des points. En premier lieu, par le présupposé qu'elle implique. **Le médium est le trait d'union entre le monde des morts et le monde des vivants,** ce qui n'est pas nécessairement le cas du voyant, bien que tous deux soient en quelque sorte les médiateurs entre deux niveaux de réalité.

La confusion vient très probablement du fait que les deux orientations n'en firent longtemps qu'une, non seulement dans l'esprit des personnes qui les méjugeaient, mais également dans l'esprit des praticien(ne)s. Ce sont des désincarnés que parvenaient les messages quant aux orientations futures aux pythies de l'Antiquité. La seconde grande différence, c'est qu'à l'inverse de la voyance, le contact avec l'Au-Delà n'est pas essentiellement destiné à obtenir des informations pratiques, concernant les choix de notre vie quotidienne, mais bel et bien à approfondir le contact avec nos chers disparus par-delà leur enveloppe terrestre. Les exercices qui vont suivre visent donc à favoriser votre ouverture aux phénomènes spirites, en en évitant les écueils.

Premier exercice

"SCULPTER" LES ACOUPHÈNES

Cet exercice présente une grande difficulté; celle-ci ne réside pas tant dans sa pratique, relativement simple, que dans la recherche du lieu où l'exercer. Il vous faut en effet trouver un endroit totalement silencieux, ou du moins relativement calme. Cependant, vous contournerez aisément ces obstacles si vous avez précédemment pratiqué l'entraînement à la télépathie, car vous saurez vous isoler du bruit extérieur pour ne vous concentrer que sur vos sensations. Lorsque vous vous trouvez ainsi, dans une bulle de silence, **vous entendez comme une sorte de bruit de vagues ouaté, assourdi : c'est ce qu'on nomme les acouphènes.** Vous allez pour ainsi dire les "sculpter". Choisissez un message particulièrement positif, car cet exercice peut avoir des effets sur votre état psychologique. Recréez mentalement la voix d'une personne précise, soit de votre entourage amical, soit de personnes décédées avec lesquelles s'était instaurée une sympathie mutuelle. À présent, vous allez mêler, mentalement l'acouphène, la voix de l'ami(e) et le message que vous avez décidé d'entendre. Pour l'instant, ne pratiquez pas plus de dix minutes un quart d'heure d'affilée, mais de manière régulière, au moins une fois par jour pendant une semaine. Au départ, votre "reproduction" sera essentiellement mentalisée, à la manière d'un souvenir. Mais, très vite, au fur et à mesure de votre pratique, vous aurez l'impression d'entendre réellement cette voix vous parler. Dans certains cas même, vous penserez entendre des choses totalement différentes du message choisi par vous. Ne vous souciez pas pour l'instant de savoir s'il s'agit ou non d'hallucinations auditives. Dans beaucoup de peuplades dites, à tort, "primitives", "truquer" un phénomène ne possède pas de caractère dévalorisant, mais constitue la nécessaire répétition du phénomène réel.

Second exercice

PRATIQUE DES OBJETS-CONTACTS

Il s'agit ici d'un entraînement progressif à la pratique des objets-contacts, indispensable à tout spirite qui se respecte. En effet, certains esprits peuvent se révéler d'un contact dangereux. Des larves astrales peuvent tenter de s'introduire subrepticement dans la brèche entre deux mondes que vous avez ouverte. Vous pouvez ne pas être dans l'état d'esprit nécessaire à un contact positif, et attirer des âmes errantes en rapport avec celui-ci. Ou simplement ne pas tenir la forme suffisante pour passer d'un niveau de conscience à l'autre et éprouver des phénomènes déstabilisants, tels qu'angoisses soudaines ou accélération du rythme cardiaque. Ou encore vous trouver au sein d'une assemblée dont un des membres attire à lui, et par conséquent sur le groupe, de dangereuses entités. Par conséquent, vous devez toujours avoir à portée de main un objet vous permettant de sortir immédiatement de l'état de transe, afin de couper net une agression vibratoire qui vous affaiblirait.

Choisissez tout d'abord l'objet que vous utiliserez. Il peut s'agir d'un briquet, d'un stylo assez épais, d'un sulfure, d'une balle en caoutchouc, d'une montre, d'un réveil d'une pierre semi-précieuse, ou d'un simple galet ; L'essentiel, comme nous le verrons, est qu'il remplisse sa fonction. Privilégiez l'éclairage à la bougie ou une lampe diffusant une lumière douce. Choisissez également une chaise ne présentant pas un total inconfort.
Deux possibilités se présentent à vous. La première est de refermer votre main, pouce à l'intérieur, sur l'objet, sans pour autant la serrer. La seconde est de placer votre chaise en parallèle avec une table et de poser sur cette dernière votre main, paume ouverte, contenant l'objet. Ce n'est qu'avec l'expérience que vous pourrez

voir laquelle de ces deux solutions vous convient le mieux. Dans l'absolu, rien ne s'opposerait à ce que vous demeuriez paume ouverte, au creux de laquelle serait posé l'objet-contact, indépendamment du support de la table. Cependant, dans les faits, lorsque vous vous relaxez, votre corps se relâche, et votre main peut avoir tendance à s'incliner vers le bas, faisant ainsi tomber le précieux outil.

Dans la position que vous aurez choisi, **effectuez un survol du corps,** tel que décrit dans les exercices télépathiques (en résumé, pour les lecteurs distraits, il s'agit de projeter successivement sa conscience dans chaque partie de son corps, du haut du crâne aux talons, et de détendre au fur et à mesure les régions traversées). À un moment que vous aurez décidé à l'avance, vous allez tenter un "retour" vers l'état de conscience ordinaire en serrant très fort l'objet que vous possédez en main. Après l'expérience, vous noterez les résultats obtenus. En premier lieu, avez-vous pu effectuer ce geste instantanément ? En second lieu, vous a-t-il permis de revenir immédiatement à un niveau de conscience "ordinaire"? Si vous avez répondu non à la première de ces questions, optez pour un objet plus lourd, plus chaud ou plus froid, bref dont le contact puisse demeurer comme une toile de fond. Ou, si vous avez choisi de demeurer paume ouverte, changez de position pour prendre votre objet bien en main, paume fermée ; au besoin, exercez une légère pression, qui maintiendra la conscience de votre corps physique. Si vous répondez par la négative à la seconde question, exercez une pression plus forte ou utilisez un "objet contact" plus dense et plus lourd.

Par éliminations successives, vous parviendrez à trouver l'outil idéal, celui qui vous convient le mieux. Gardez-le à portée de main pendant tout type d'expérience médiumnique, à commencer par celui qui suit.

Troisième exercice

LE REFLET SUR L'EAU

Pour cet exercice, vous allez avoir recours à des bougies de couleur, ainsi qu'à un encens et du sel gemme. Dans une coupelle, allumez quatre charbons ardents et versez dessus quatre pincées d'encens de Jérusalem dès qu'ils commencent à "crépiter". En haut de votre table de travail, vous fixerez deux bougies blanches. En bas deux bougies violettes et, sur les côtés droit et gauche, à mi-chemin dans le sens vertical, une bougie de couleur marron. Les bougies blanches sont ce que l'on nomme "bougies d'appel", essentiellement destinées à engranger un processus et à constituer, outre un symbole de pureté, une sorte d'offrande aux forces que vous appelez. Le violet est la tonalité de la spiritualité à son plus haut niveau, représentant l'élévation et l'accès à d'autres niveaux de conscience et de réalité. Le marron, quant à lui, représente l'ancrage dans la matière, toujours nécessaire pour tenter ce genre d'expérimentation.

Certaines personnes de votre famille décédées, certains amis disparus vous ont laissé un tel souvenir que vous êtes capable, rien qu'en fermant les yeux, de voir chacun des traits de leur visage. S'il y en a plusieurs, choisissez en une en particulier. Si, cependant, vous ne possédez qu'à un faible degré la mémoire visuelle, concentrez-vous quelques instants auparavant, sur une de leurs photographies, jusqu'à ce que vous l'ayiez parfaitement mémorisé.

Vous allez à présent remplir un grand bol, voire un saladier, d'eau du robinet. Jetez dedans cinq pincées de sel gemme, et mélangez-le à l'eau à l'aide de l'index de votre main droite (si vos mains ne sont pas impeccables, lavez-les préalablement à l'exercice), jusqu'à constituer un ensemble parfaitement homogène. De nouveau, jetez cinq pincées d'encens de Jérusalem sur vos charbons ardents – rallumez-les

s'ils sont éteints. Allumez vos bougies et éteignez toute source de lumière électrique. Placez l'objet-contact dans votre main droite. Respirez lentement et profondément, en observant quelques instants l'ensemble de votre dispositif, jusqu'à ce que vous vous sentiez parfaitement concentré. À présent, penchez-vous au-dessus de votre récipient. **Tentez de projeter, à la surface de l'eau, le visage que vous avez en mémoire.**
Qu'importe au départ s'il est un peu flou. Il se peut d'ailleurs que vous n'obteniez rien lors de ce premier exercice. Vous le poursuivrez pendant deux semaines, à raison de quelques minutes par jour tous les jours, que vous ayiez ou non un résultat satisfaisant. Au terme de cette série d'expériences, il est peu probable que vous n'ayiez pas "reconstitué" le visage de l'être cher à la surface de l'eau. Elle a pour but de préparer votre esprit au contact, et surtout de l'orienter dans la bonne direction.

CAS QUI INCITENT À LA PRUDENCE ET CONTRE-INDICATIONS

Si, quasi spontanément, dès votre première expérience, l'image est projetée à la surface de l'eau, observez une grande prudence. Autrement dit, exercez une légère pression sur votre objet-contact, de manière à être prêt à tout moment à le serrer très fort si cela s'avérait nécessaire. Pourquoi ? Parce que **les expériences les plus rapides et les plus spectaculaires sont rarement les plus positives.** Vous pouvez être tout simplement en présence d'un "parasitage" ou d'une imagination trop prompte à se déclencher, ce qui pourrait par la suite vous nuire.

Si vous éprouvez des difficultés à respirer, un sentiment d'oppression physique (et) ou mental, une accélération du rythme cardiaque, ou que vous captiez des messages dont la tonalité ne vous semble pas positive, si votre instinct vous alerte d'un danger, inutile de réfléchir plus avant : interrompez immédiatement l'expérience, quitte à la reprendre un autre jour. Elle serait pour vous, à ce moment-là, extrêmement déstabilisante.

Les bougies peuvent resservir jusqu'à entière consommation. Évitez toutefois les chandelles trop "raccourcies", qui ne diffuseraient d'une part qu'une trop faible lumière mais qui, de l'autre, vous offriraient une protection restreinte et exerceraient une influence quasiment nulle. En revanche, après chaque exercice, vous jetterez l'eau salée, nettoierez sérieusement le récipient, qui ne servira qu'à ce seul usage.

Quatrième exercice

IMAGES EN TROIS DIMENSIONS

Cet exercice peut être considéré comme une variante du précédent. À cette exception près, toutefois, que vous ne posséderez plus de support à partir duquel exercer vos dons. Il exige que vous ayiez eu un certain degré d'intimité avec la personne que vous allez évoquer. Ne vous imaginez pas, par exemple, pouvoir ainsi susciter quelque grand personnage historique. Du moins certainement pas dans un premier temps. Cet exercice, comme nous allons l'avoir, demande à être entouré d'un certain nombre de précautions. Tout d'abord, il ne doit pas durer plus d'une quinzaine de minutes tout au plus. Si vous possédez une protection occulte quelconque – objet talismanique, sceau de Salomon, médaille de Saint Benoît, cristal programmé, prière sur parchemin etc – portez-la impérativement sur vous. Autour de chaque entrée – y compris au-dessous des fenêtres, vous placerez trois bougies couleur or, qui constitueront le seul éclairage de la pièce. Vous utiliserez un ostensoir, qui peut être balancé à bout de bras, que vous n'utiliserez de cette manière que si vous sentez que la

situation vous échappe. Dans celui-ci, vous disposerez des charbons ardents, sur lesquels vous verserez trois abondantes pincées d'Encens d'Église. Autour de la chaise sur laquelle vous serez assis(e), tracez un cercle avec une craie de couleur violette. Votre ostensoir sera placé à l'intérieur du cercle. Faites bien attention à ne pas en effacer les contours lorsque vous allumerez les bougies.

Pourquoi tant de précautions ? Tout simplement parce que cette opération peut présenter de grands risques en cas d'échec comme en cas de réussite, et que vous devez assurer votre sécurité. N'oubliez pas non plus votre objet-contact. Allumez vos bougies. Éteignez la lumière électrique. Puis pénétrez à l'intérieur de votre cercle selon la manière que nous venons de voir et asseyez-vous sur votre chaise, l'objet contact au creux de votre paume. Fermez les yeux et, **sur votre écran mental, visualisez la personne que vous avez choisi d'évoquer,** vous fixant d'abord uniquement sur son visage, puis l'imaginant en mouvement, dans une activité qui lui était quotidienne, ou dans une scène que vous avez vécue avec lui. Lorsque vous y serez parvenu(e), tentez de lui donner de l'épaisseur, de la visualiser dans sa densité, dans sa perspective, jusqu'à ce que l'image soit bien présente. À présent, ouvrez les yeux. Respirez lentement et profondément. Au besoin, sans quitter votre chaise, réalimentez l'ostensoir. Pour ce faire, faites provisoirement passer l'objet contact dans la main gauche. Ou, s'il est de petite taille, coincez-le avec deux doigts contre la paume. **La phase deux consiste à projeter votre visualisation dans l'espace,** de telle manière que vous éprouviez la sensation de la présence physique de l'être cher. Seule la répétition quotidienne de cet exercice pourra permettre d'obtenir des résultats tangibles. N'espérez pas y parvenir dès vos premiers essais. Il est même possible que, lors des trois ou quatre séances initiales, vous échouiez à la phase deux de votre visualisation. Ne vous découragez pas et persévérez. Il va de soi que cet exercice est fortement déconseillé aux personnes souffrant de troubles cardio-vasculaires, ou trop émotives, l'apparition dans la pièce d'une personne disparue pouvant créer un choc psychologique.

Il est possible qu'en lieu et place d'apparition, vous ressentiez un très fort sentiment de présence, ou l'impression d'un frôlement physique. C'est probablement le signe qu'"on" a pris note de votre tentative de contact. Cependant, demeurez prudent. Accentuez légèrement la pression sur votre objet contact ; ainsi, sans sortir tout à fait de votre "transe", vous serez en mesure de faire cesser très rapidement la séance si cela s'avérait nécessaire. Repérez également l'emplacement de votre ostensoir. En cas de phénomène imprévu - par exemple si les bougies venaient à être brusquement soufflées par un vent venu de nulle part –, vous seriez en mesure de vous en saisir et de le balancer de gauche à droite et d'avant en arrière, ce qui créera autour de vous une sorte de bouclier énergétique. Ne sortez pas brusquement du cercle, car celui-ci vous protège. Donc, quoiqu'il se passe, ne cédez pas à la panique.

Le but de cet exercice est de vous familiariser avec la présence "vivante" de vos chers disparus, et de favoriser par la suite le contact, tout en vous apprenant l'importance des protections.

CHAPITRE IX

Télékinésie

Un malentendu tenace consiste à associer de manière systématique télékinésie et phénomènes spectaculaires. A priori faire bouger les objets ou de la matière inerte par le simple pouvoir de l'esprit peut effectivement sembler pouvoir se prêter à des démonstrations particulièrement tonitruantes.
Mais la réalité de cette discipline est toute autre. Ainsi, n'espérez pas pouvoir changer vos meubles de place par la simple puissance de votre pensée. Vous en seriez pour vos frais. Dans "Expériences parapsychologiques en URSS", nous trouvons relatée une expérimentation qui, de ce point de vue, est extrêmement significative. **Sous la houlette de l'armée soviétique, un parapsychologue des plus doués était parvenu à déplacer un énorme bloc de pierre, uniquement par le biais de son énergie mentale...** Le hic, c'est que par la suite, notre homme fut totalement "inutilisable" pendant plusieurs semaines, en état d'épuisement chronique.

La télékinésie n'est en rien comparable à la "potion magique" d'Astérix. Qui a déjà assisté à une séance authentique ne peut s'empêcher d'être surpris par la lenteur du processus. Un objet, qui dans le meilleur des cas, ne se déplace que centimètre par centimètre, pour ne même pas avoir franchi un mètre au bout d'une heure, voilà qui n'a rien de très spectaculaire. Fascinés par l'effet média et la volonté de prouver, ce qui implique des résultats rapides et intenses, bien des parapsychologues, dont certains véritablement exceptionnels, se sont discrédités, eux et leur art, par un nécessaire recours au trucage, sans lequel le résultat n'aurait pas été suffisamment "télégénique".

Quoi qu'il en soit, **la télékinésie est une réalité concrète, expérimentale par tous (tes),** même si elle demande souvent une grande concentration. Son utilité première n'est pas de briller en société, ni d'enquiquiner un collègue peu aimable, mais de consolider et de structurer votre édifice mental. En premier lieu, vous pourrez, de cette manière, **observer de manière directe l'influence de l'esprit sur la matière,** ce qui vous donnera une plus grande confiance en vous, d'une part, de l'autre dans la validité de vos travaux télépathiques, de magnétisme ou d'influence à distance. En second lieu, il renforcera vos dons dans chacun de ces domaines. Le magnétisme n'est-il pas une action de l'esprit sur le corps, donc la matière ? Retrouver les objets perdus s'avérera également d'une plus grande facilité, car vous pourrez établir plus aisément une sorte de connexion télépathique avec eux, puisque vous aurez pris l'habitude de créer une interaction entre vos différents niveaux d'énergie. Comme vous l'avez probablement deviné, les domaines étudiés dans le cadre de cet ouvrage souvent interdépendants. Autrement dit, la limite entre les uns et les autres demeure dans bien des cas relativement flous. S'il est évident pour beaucoup que l'intuition puisse déboucher, le plus naturellement du monde, sur la voyance, moins évident quelquefois est le lien qui unit télépathie et magnétisme, magnétisme et influence à distance, etc. Pourtant, il entre une part de chacune des sciences de l'esprit dans tous les autres secteurs concernés par ce terme.

Il va de soi que les exercices proposés dans ce livre ne porteront pas sur des objets de grande taille. L'essentiel est avant toutes choses de vous faire prendre conscience de vos dons en la matière, d'initier un processus à partir duquel vous pourrez réaliser des expériences plus complexes.

La flamme sacrée

Première série d'exercices

Posez un chandelier sur votre table de travail. Si vous n'en possédez pas, une simple soucoupe d'un blanc uni suffira. Fixez-y une bougie de couleur blanche. Placez, à environ un mètre de la table, une chaise en bois – évitez en tout cas l'acier, inconfortable pour le dos et ne favorisant pas la concentration –. Allumez votre bougie et éteignez toute autre source lumineuse. Asseyez-vous. Respirez, à plusieurs reprises, lentement et profondément.

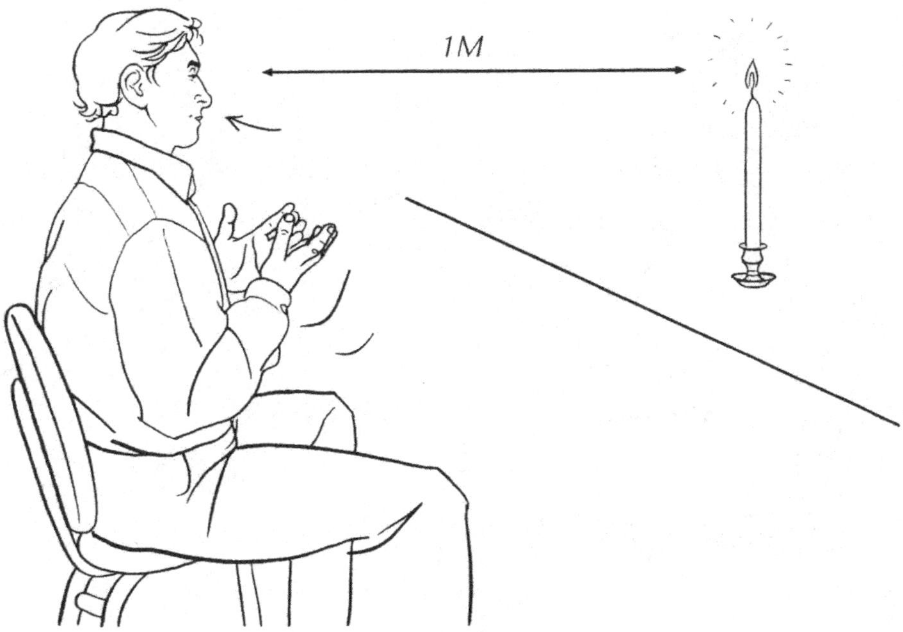

Dans un premier temps, vous vous contenterez de focaliser toute votre attention sur la flamme, et plus particulièrement sur son centre. Puis sur l'ensemble de la bougie. Fermez les yeux. Parvenez-vous à reproduire parfaitement, sans que l'image se trouble, l'objet entier sur votre écran mental ? Si non, recommencez. En règle générale, la visualisation commence lorsque vous aurez l'impression de vous "diluer" dans la flamme et que plus aucune pensée parasite n'occupera votre esprit. C'est là l'état psychique grâce auquel on atteint aux meilleurs résultats. Vous êtes en condition ? Parfait. Nous allons pouvoir commencer. Maintenez d'abord l'image de la flamme droite, puis faites la bouger légèrement d'abord, puis de plus en plus, vers le côté droit. Recommencez l'opération, mais en l'inclinant cette fois-ci sur le côté gauche. Vers l'avant. Vers l'arrière. Alternez mentalement les quatre images. Ne vous préoccupez pas pour l'instant de l'impact éventuel de votre projection sur la réalité. Concentrez-vous uniquement sur ce que vous accomplissez et sur rien d'autre. **Si vous avez quelque mal à visualiser la flamme en mouvement, pratiquez, en vrai cette**

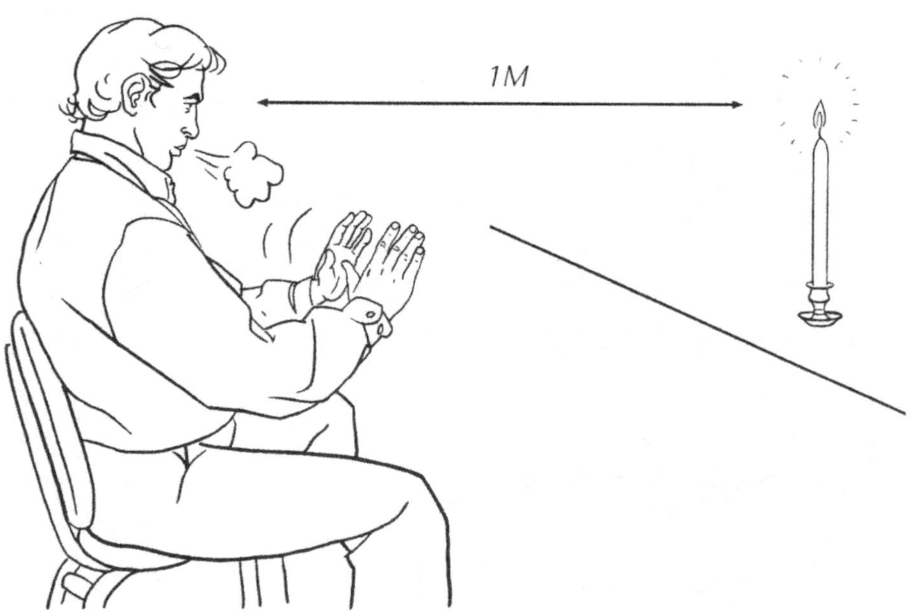

fois-ci, l'action suivante : soufflez légèrement jusqu'à ce que la flamme s'incline vers la droite, et procédez de même pour chacune des autres directions, tout en observant attentivement la forme qu'ainsi elle épouse, jusqu'à la mémoriser parfaitement.

Pendant une semaine, chaque jour pendant vingt minutes, si possible à la même heure, vous pratiquerez de cette manière.
La semaine suivante, vous introduirez une variante : toujours à un mètre de la table sur laquelle est posé votre chandelier, vous serez cette fois-ci debout, les bras légèrement écartés du corps et les pieds tournés vers l'extérieur.

Il est indispensable de pratiquer cette série d'exercices avant de passer à la suivante, faute de quoi un échec est plus que prévisible. Bien évidemment, vous éprouverez de sérieuses difficultés à résister à la tentation d'ouvrir les yeux, afin de constater de visu si votre pensée agit ou non sur l'élément matériel que constitue la flamme. Bien évidemment bis, il faut à tout prix vous en abstenir, car cet élément fait intrinsèquement partie de l'expérience. Vous abstenir vous permet en effet d'affûter votre volonté, qui est un atout majeur et déterminant pour une pratique réussie de la télékinésie. L'objectif de cette première série n'est pas, en dépit de ce que vous pourriez croire, d'obtenir des résultats concrets, mais **d'établir une parfaite synergie entre le mouvement de la flamme et votre esprit**. C'est en quelque sorte une préconstruction de votre acte, car avant de maîtriser le déplacement du feu dans le monde de la matière, il convient de le contrôler en premier lieu dans son espace mental.

Deuxième série d'exercices

Vous ne la pratiquerez pas plus de dix minutes par jour, excepté si vous obtenez d'office des résultats flagrants et incontestables.

Même en ce cas, vous ne devrez pas dépasser une vingtaine de minutes. **La télékinésie n'est pas un exercice anodin et sollicite notre énergie vitale.** Il est inutile de vous épuiser à la tâche.

Pendant de nouveau une semaine, chaque jour, assis sur votre chaise, toujours située à un mètre de la table, vous allez répéter les opérations précédentes, mais cette fois dans le but d'obtenir un résultat concret, et les yeux ouverts, de manière à observer l'éventuelle évolution du processus. Notez sur un cahier les résultats positifs comme négatifs que vous obtiendrez. Précisons qu'en l'occurrence, votre concentration devra s'exercer principalement sur la flamme, plus que sur l'ensemble de la bougie. La semaine suivante, vous vous exercerez à pratiquer, sur le même rythme, dans la position debout, ainsi que nous l'avons précédemment étudiée. Si vous en ressentez le besoin, respirez et inspirez profondément et lentement. Dans bien des cas, cela peut vous aider. Là encore, vous prendrez des notes, afin de pouvoir comparer. Obtenez-vous de meilleurs résultats dans la position assise ou debout ? Ceux-ci sont-ils sensiblement équivalents ?

Troisième série d'exercices

Vous éprouvez quelques difficultés à accomplir la seconde série d'exercices ? Alors celle-ci vous conviendra probablement davantage, parce qu'elle vous permet de concrétiser une action avant de la reproduire par la seule puissance de votre mental. Placez-vous à vingt centimètres de la flamme et soufflez très légèrement dessus, de manière à ce qu'elle s'incline vers l'arrière. Observez une pause, puis reproduisez l'opération, de manière à ce qu'elle penche cette fois-ci vers la droite. Nouvelle pause. Soufflez de nouveau, pour qu'elle se dirige vers la gauche.

Recommencez jusqu'à ce que le mouvement de la flamme et votre souffle soient parfaitement synchrones. Puis reculez d'un pas et Renouvelez chacune des opérations précédentes. Il est évident que plus vous vous éloignerez physiquement, moins le mouvement de la flamme dépendra de l'action de votre souffle. Dans un premier temps, les deux se combineront puis, sans vous en rendre compte, progressivement, seul le mouvement de votre esprit induira celui du pendule. Ne vous inquiétez surtout pas si vous ne parvenez pas, dès vos premiers essais, à des résultats concrets. C'est une question de persévérance. Vous devez pour réussir cet exercice vous "déprogrammer" de tout ce qui vous a été enseigné en la matière, et cela peut être plus ou moins long...

Quatrième série d'exercices

Après une semaine de la troisième série, vous allez passer à une quatrième, qui se déroulera également pendant une semaine. **Le feu est un élément idéal pour vous initier à la télékinésie, parce qu'il offre un double avantage :**

1 – les phosphènes, cercles de lumière colorés apparaissant suite à sa fixation devant vos rétines, favorisent l'éclosion des pouvoirs parapsychologiques.

2 – c'est un élément qui possède peu de densité matérielle, ce qui rend plus aisé la télékinésie ; une fois que vous serez familiarisé(e) avec son maniement, vous serez en mesure de faire bouger des objets plus importants.

La quatrième série présente de grandes similitudes avec la précédente. Cependant, au lieu d'utiliser votre souffle, ce sont vos mains qui vont entrer en action. De nouveau, approchez-vous à vingt centimètres à peine de la flamme. Tendez la main droite, les doigts vers le bas, devant vous. Bougez-la rapidement vers la droite, pour que la flamme s'incline de ce côté. Procédez de même sur le côté gauche. Puis vers l'arrière. Reproduisez l'opération en vous reculant un peu.

Et ainsi de suite, avec une distance de plus en plus grande, jusqu'à ce que le mouvement de votre main ne constitue plus qu'une sorte de "rappel" qui met votre esprit en branle.

Pendant une autre semaine, vous alternerez souffle et mouvement des doigts, puis vous associerez les deux.

Le maître du pendule

Passons maintenant à un objet plus massif : **le pendule**. Pour commencer vos exercices, vous n'êtes naturellement pas obligé d'utiliser le plus volumineux d'entre eux. Dans cette optique, **le pendule égyptien paraît particulièrement adapté**. L'idéal, pour les plus bricoleurs d'entre vous, serait de construire une sorte de "potence", autrement dit un socle sur lequel vous fixerez à la verticale une barre de bois. Complétez cet appareil par une barre horizontale formant un angle droit avec la barre verticale.

L'ensemble doit être suffisamment solide et équilibré pour supporter un poids supplémentaire. Toutefois, la barre horizontale doit être relativement longue, afin de ne pas gêner les mouvements du pendule. Les moins bricoleurs peuvent utiliser un porte manteau, soit fixé au mur soit amovible. Là encore, les patères devront constituer une excroissance suffisante pour que votre pendule puisse se mouvoir librement.

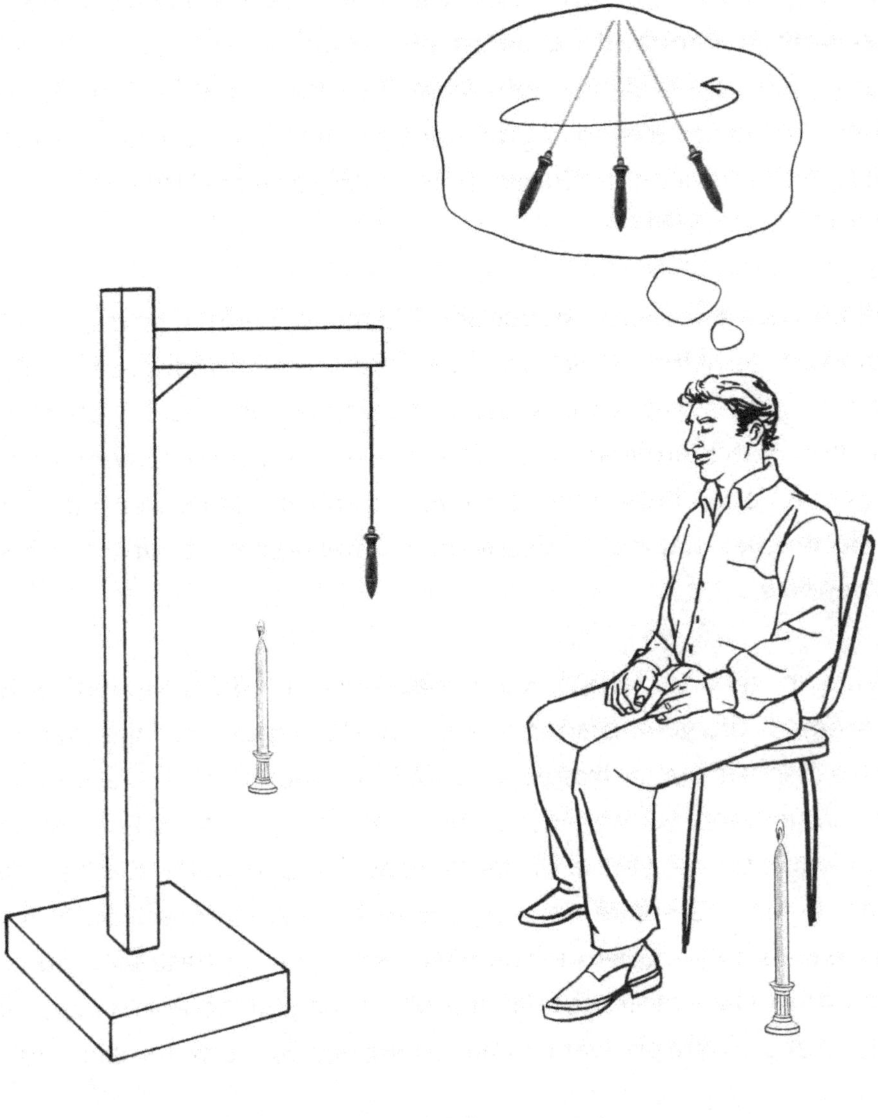

Attachez un fil de nylon ou un fil de cuivre à votre dispositif, au bout duquel sera suspendu votre pendule. Placez à côté de celui-ci une lampe diffusant une lumière douce ou des bougies. Éteignez la lumière principale et asseyez-vous sur une chaise de bois à un ou deux mètres de votre ensemble. Posez les mains sur vos cuisses écartées, tournées vers le bas, redressez la tête. **Il est important que vous demeuriez droit,** et non affaissé, afin de ne pas bloquer les énergies de vos chakras. Fermez les yeux et respirez lentement et profondément. À présent, **visualisez le pendule en train de tourner vers la droite, de plus en plus rapidement**. Observez une pause, puis projetez sur votre écran mental l'outil radiesthésique virant vers la gauche, en augmentant au fur et à mesure la vitesse de giration. Pratiquez de même pour les balancements latéraux vers l'avant et vers l'arrière.

Cet exercice sera mené chaque soir, à la même heure si possible, pendant une semaine, sur le seul mode de la visualisation. Là encore, vous ne devez pas vous soucier du résultat obtenu, ni tenter de savoir si votre projection a engendré un mouvement concret du pendule. Ce qui importe ici, c'est votre capacité de concentration et le déclenchement d'un mécanisme mental associant votre esprit et le pendule.

Dans un second temps, **vous passerez à l'influence directe**. Autrement dit, yeux grands ouverts, doigts tendus en direction de votre dispositif, vous fixerez le corps du pendule, en tentant de lui "communiquer" votre volonté – vous pouvez y associer la visualisation – qu'il tourne vers la droite. Vous avez la possibilité d'utiliser un mot-clé, un ordre que vous prononcerez mentalement ou à voix basse mais ferme. Quelque soit l'issue, passez à la phase suivante au bout de quelques minutes : la giration vers la gauche. Puis d'avant en arrière et d'arrière en avant. Chaque jour, pendant une semaine, vous renouvellerez ces exercices. La semaine suivante, vous introduirez une variante en les pratiquant debout.

Deux remarques s'imposent en l'occurrence :

a – le mouvement des doigts est-il nécessaire à l'action télékinésique ? Dans l'absolu, on peut répondre non. Néanmoins, donner à votre projection mentale une assise physique et gestuelle peut favoriser l'éclosion de vos premiers résultats.

b – la longueur de la partie qui va supporter le pendule s'avère réellement essentielle. Si ses girations sont gênées (par exemple patère trop proche du mur qui le ferait frotter contre celui-ci) vous ne pourrez avoir une idée objective de l'impact de votre force-pensée sur sa partie massive. De la même manière, pour ne pas fausser vos résultats, vous vérifierez qu'il soit parfaitement immobile au départ et ne commencerez pas vos travaux avant, qu'un ventilateur n'est pas en marche dans la pièce, où qu'une de vos fenêtres n'est pas ouverte.

Exercice de la pièce de monnaie

Voici un des exercices les plus simples d'initiation à la télékinésie. **Il nécessite juste l'usage d'une craie et d'une pièce de monnaie.** Il ne doit pas être pratiqué plus d'une vingtaine de minutes au grand maximum et ce, quelque soit le résultat obtenu. Peu importe si vous n'avez pas réalisé vos objectifs dès le premier jour. Vous avez tout le temps pour cela. Progresser lentement vaut beaucoup mieux que d'être la proie d'un épuisement mental pouvant tourner à l'asthénie chez les moins disposés.

Munissez-vous d'un double décimètre, de craies blanches et de quatre bougies violettes. Vous placerez ces dernières aux angles de la table sur laquelle vous opérez. Elles constitueront l'unique éclairage de la pièce. Le but d'une telle "mise en scène" est bien évidemment de favoriser votre concentration. À l'aide de votre règle et de vos craies, vous allez tracer un trait appuyé tous les cinq centimètres. Qu'importe si le dernier n'est pas au bord le plus éloigné de votre plan de travail. Il serait étonnant que vous parveniez à parcourir une telle distance dès vos premiers essais.

Allumez vos bougies et éteignez toute source de lumière électrique. Concentrez-vous quelques instants sur leur flamme – vous pouvez d'ailleurs en profiter pour réviser l'un des premiers exercices que nous avons étudié, ce qui constituera un bon entraînement à l'action que vous allez tenter d'entreprendre –. Prenez dans votre poche, ou dans votre porte-monnaie, une pièce de dix, voire de cinq centimes d'euro. Ne cherchez pas à vous surestimer; dans les premiers temps, **plus la pièce sera de faible densité, plus vous multiplierez vos chances de succès.** Placez votre pièce derrière le premier trait, de telle manière que le bord supérieur touche le dessous de celui-ci. Posez vos deux mains sur le bord de la table, entre les bougies. Respirez lentement et profondément. Tenez la tête bien droite et le torse vers l'avant. Vos jambes seront légèrement écartées, les pieds tournés vers l'extérieur. Fixez intensément la pièce, jusqu'à ce que vous ressentiez de légers picotements au bout des doigts. Concentrez alors toute votre attention sur le premier trait, jusqu'à ce qu'il emplisse totalement votre champ visuel, en imaginant que votre pièce se trouve de l'autre côté de celui-ci. Puis sur l'ensemble constitué par la pièce et le tracé de la craie. **Visualisez votre pièce en train d'avancer petit à petit.** Dans ce sens, deux éléments peuvent vous aider et contribuer à votre réussite : l'usage d'un mot-clé, tout d'abord. Il sera simple et direct, par exemple "Bouge !" "Avance !" ou encore "Le trait blanc" (comme point de repère de votre connexion mentale). Vous vous le répéterez à plusieurs reprises en votre for intérieur ou à voix basse, en mettant dans cette injonction toute l'intensité nécessaire, pendant votre visualisation. Le second atout, c'est le souffle. Un souffle léger, comme si vous étiez le vent gonflant les voiles d'un navire et lui permettant d'arriver à bon port. Certaines personnes de mauvaise foi argueront sans doute que c'est l'air qui pousse la pièce en avant, ce que ne permet pas vraiment le poids de celle-ci. Dans le niveau de réalité dans lequel vous opérez, cependant, tout symbole est égal à un acte concret.

Ne vous découragez pas si ces expériences ne portent pas immédiatement leurs fruits. Votre cerveau a tellement été conditionné à l'idée que ce genre de choses relevait de l'impossible qu'il vous faudra sans doute du temps avant de parvenir à vos objectifs. Cependant, la répétition de tels exercices finira invariablement par aboutir à un résultat dont vous serez vous-même le (la) premier(ère) surpris(e). Lorsque vous penserez avoir atteint un certain niveau d'efficacité, tentez de faire franchir à votre pièce le second trait, puis le troisième, ou d'utiliser une pièce plus grosse, un euro par exemple, mais quoi qu'il en soit, ne cherchez pas à griller les étapes. **La technique des traits présente un avantage certain :** tout déplacement, même minime, sera immédiatement perceptible.

Conclusion

Nous voici à présent au terme de cet ouvrage. Nous espérons qu'il ait été pour vous un formidable voyage au cœur de vous-même et de vos pouvoirs secrets et qu'il sera la base de vos futurs travaux. Notre objectif en effet, en écrivant ce livre, ne fut pas de détailler l'ensemble des techniques formant ce qu'on appelle la parapsychologie (une encyclopédie ne saurait y suffire) mais bel et bien de vous donner les moyens pratiques d'y accéder. Comment ? En vous dévoilant la structure, la matrice autour de laquelle s'articulent toutes les pratiques existantes. En allant directement à l'essentiel, en vous donnant une base de données à travers laquelle vous pouvez constituer vos propres exercices, adaptés à votre demande particulière. En vous donnant les moyens de progresser pas à pas, jusqu'à obtenir la maîtrise de chacune de ces disciplines; **franchir la porte qui vous sépare de la révélation.** Ce que vous en ferez ne dépend que de vous. Au-delà de la porte, un monde en gestation, que vous aurez les moyens de comprendre et d'assimiler. Réveiller en soi ce que toute une culture s'est acharnée à nier et à effacer de notre mémoire demande parfois quelques efforts. Mais les résultats obtenus méritent amplement que vous vous acharniez. Non seulement ils vous donneront les clés d'aitres niveaux de réalité, mais ils vous permettront d'appréhender différemment votre quotidien et d'être plus proche de celui ou de celle que vous avez toujours rêvé d'être. La transformation pourra s'avérer lente ou au contraire s'opérer d'une manière radicale, selon la profondeur de votre esprit à laquelle vous avez enfoui ce savoir universel. Chacun de nous, tout au long de son existence, à quelque niveau qu'il soit de celle-ci, a été un jour ou l'autre confronté à des phénomènes étranges, dont il était la source ou le réceptacle. Mais, par pudeur ou par éducation, les a relégués dans un coin de sa mémoire, ou les a déclarés "hallucinations". Un mot fourre-tout où prend place tout ce que nous ne comprenons pas. Il n'est pas indispensable de comprendre pour ressentir. **Mais il est essentiel de contrôler pour agir.** C'est ce contrôle sur vous-mêmes que nous avons voulu vous transmettre, pour que vous puissiez vous aventurer en terre incognito sans danger.

Modifier vos structures mentales est sans doute le premier pas que vous allez accomplir. Mais il vous mènera bien plus loin que vous ne pouvez l'imaginer, dans un monde où l'énergie prime souvent sur la matière, et dont le nôtre ne constitue qu'un tout petit sous-ensemble. Les pratiques contenues dans ce livre ne relèvent d'aucun dogme ou croyance toute faite. Il suffit de les expérimenter, sans ?illères mais avec ténacité, pour être convaincu de leur viabilité. Elles ne heurtent aucune croyance, car nous avons en l'occurrence, dépouillé ces techniques de leur apparat mystique, pour vous les restituer dans leur splendeur première. Des pratiques qui peuvent changer durablement votre vie, car elles vous prouveront par l'exemple que votre esprit exerce une influence, non seulement sur la matière, mais également sur le monde des événements. **Changer le monde est très simple :** il suffit de commencer par vous changer vous-même. C'est les moyens d'un tel changement que nous avons désiré vous offrir. Puissiez-vous en goûter pleinement les fruits...

Table des matières

*
* *

Développez votre pouvoir intérieur et influencez votre réalité avec la télépathie !

Avez-vous déjà ressenti qu'il vous manquait un outil pour agir sur votre vie ?

Avec *Manuel pratique de télépathie* de Stéphane Crussol, découvrez un guide clair et accessible pour éveiller et utiliser vos facultés télépathiques au quotidien.

Ce livre vous révèle pas à pas comment :

- Émettre et recevoir des pensées avec précision.
- Renforcer votre volonté et votre concentration mentale.
- Créer un lien télépathique avec d'autres personnes ou même vos animaux.
- Programmer vos rêves pour obtenir des réponses et de l'inspiration.
- Diriger vos pensées pour influencer positivement votre avenir.
- Vous protéger des influences négatives, grâce à la "bulle de protection psychique".

Chaque chapitre est conçu pour être **pratique et progressif**, avec des exercices faciles à mettre en œuvre dès la première lecture.

Pas besoin d'expérience préalable : ce manuel s'adresse autant aux curieux qu'aux passionnés d'ésotérisme.

Imaginez pouvoir apaiser ou influencer un proche à distance, obtenir plus de synchronicités, ou encore orienter vos choix de vie avec une clarté nouvelle.

Ce livre est bien plus qu'un simple guide : c'est une **boîte à outils pour transformer votre existence**.

Prenez dès aujourd'hui le contrôle de votre esprit et ouvrez la porte à un monde où vos pensées deviennent votre meilleur allié.
Commencez maintenant à programmer votre futur !

ISBN : 978-2-8489-1159-5
Prix : 18 €

Editions EXCLUSIF

Apprenez à Voir et Lire les Énergies Invisibles

Saviez-vous que chaque être vivant est entouré d'un halo énergétique, révélant son état physique, émotionnel et spirituel ? Et si vous pouviez voir et interpréter ces vibrations invisibles qui influencent vos relations et votre bien-être ?

Dans "*Harmoniser, soigner, protéger votre aura*", vous apprendrez à développer votre perception intuitive grâce à des techniques simples et accessibles à tous.

Ce guide vous offre :

- Une méthode progressive pour entraîner votre regard et capter les nuances énergétiques.
- Les techniques pour purifier et protéger votre aura.
- Un décryptage des couleurs de l'aura et de leur signification profonde.
- Un outil puissant pour mieux comprendre les autres et établir des connexions sincères.
- Un accès privilégié à votre intuition pour anticiper les émotions et besoins des personnes qui vous entourent.
- Des exercices pour éveiller vos pouvoirs cachés.

Que vous soyez novice ou déjà initié, ce livre vous offre les clés d'un monde fascinant, où l'intuition et la perception vibratoire prennent tout leur sens.

Regardez au-delà du visible et transformez votre vision du monde.

ISBN : 978-2-8489-1212-7
Prix : 15 €

Editions EXCLUSIF

Imprimé en France par
CPI Bussière
en septembre 2025
N° d'impression : 2086945